大陆法系

THE CIVIL LAW TRADITION

版权声明

著作权合同登记号
图字:01 - 2016 - 7462

第三版

大陆法系

[美] 约翰·亨利·梅利曼
[委] 罗格里奥·佩雷斯·佩尔多莫 著
顾培东　吴荻枫　译

THE CIVIL LAW TRADITION

法律出版社
LAW PRESS · CHINA

图书在版编目(CIP)数据

大陆法系：第三版／(美)约翰·亨利·梅利曼(John Henry Merryman)，(委)罗格里奥·佩雷斯·佩尔多莫著；顾培东，吴荻枫译. -- 北京：法律出版社，2021(2022.3 重印)

书名原文：THE CIVIL LAW TRADITION,3RD EDITION: AN INTRODUCTION TO THE LEGAL SYSTEMS OF EUROPE AND LATIN AMERICA

ISBN 978－7－5197－5622－2

Ⅰ. ①大… Ⅱ. ①约… ②罗… ③顾… ④吴… Ⅲ. ①大陆法系 Ⅳ. ①D904.6

中国版本图书馆 CIP 数据核字(2021)第 097062 号

大陆法系(第三版)

DALU FAXI(DI－SAN BAN)

著　　者	[美]约翰·亨利·梅利曼 [委内瑞拉]罗格里奥·佩雷斯·佩尔多莫
译　　者	顾培东　吴荻枫
责任编辑	丁小宣　陆帅文
编辑统筹	法律教育出版分社
装帧设计	凌点工作室
责任校对	杨锦华　王沁陶
责任印制	刘晓伟
出　　版	法律出版社／北京市丰台区莲花池西里 7 号(100073)
网　　址	www.lawpress.com.cn
经　　销	新华书店
印　　刷	北京中科印刷有限公司
版　　本	2021 年 8 月第 3 版
印　　次	2022 年 3 月第 2 次印刷
字　　数	180 千
开　　本	A5
印　　张	7.125
定　　价	45.00 元
书　　号	ISBN 978－7－5197－5622－2
投稿邮箱	info@lawpress.com.cn
维权邮箱	jbwq@lawpress.com.cn
咨询电话	010－63939796
销售客服	010－83938350
销售电话	010－83938349

凡购买本社图书，如有印装错误，我社负责退换。电话：010－83938349

作者简介

约翰·亨利·梅利曼（John Henry Merryman）（1920–2015 年），美国著名比较法和艺术法专家。梅利曼出生于美国俄勒冈州波特兰市，1955 年在纽约大学获得法学博士学位，之后长期执教于斯坦福大学法学院，主要著作包括《大陆法系》《帝国主义、艺术和归还》《当代大陆法系：欧洲、拉丁美洲和东亚》等。

罗格里奥·佩雷斯·佩尔多莫（Rogelio Pérez–Perdomo），委内瑞拉法学家。1974 年在委内瑞拉中央大学获法学博士学位。加拉加斯大都会大学（universsidad Metropolitana, Caracas）法学教授和前法学院院长，1998 年以来经常担任斯坦福大学法学院客座教授。主要著作包括《大陆法系》（第三版）（与约翰·亨利·梅利曼合著），《全球化时代的法律文化》（与劳伦斯·弗里德曼合著），《拉丁美洲的律师》等。

译者简介

顾培东　四川大学法学院教授，中南财经政法大学腾讯讲席教授。著有《我的法治观》《社会冲突与诉讼机制》等书著，在权威期刊发表论文数十篇，获评首届"十大杰出青年法学家"。

吴荻枫　西南政法大学法学博士，西南民族大学讲师，译著有《和平与爱》、《福利国家之后》（合译）等。

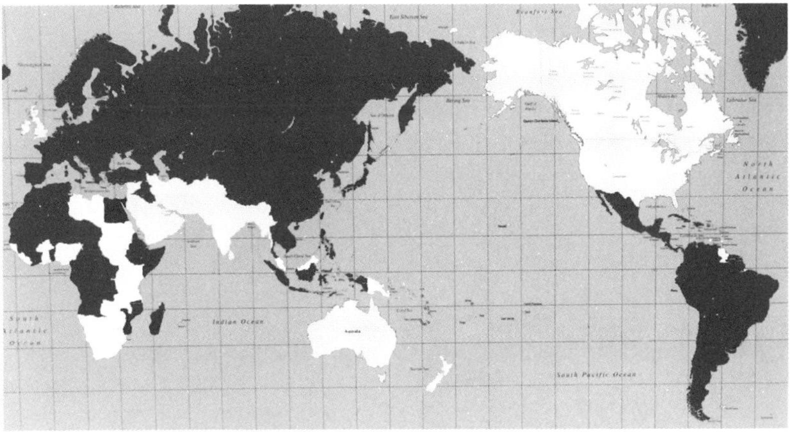

大陆法传统区域分布图，图中黑色标注的部分为沿用大陆法传统的区域

大陆法系（civil law system），又名民法法系，一般是指以罗马法为基础而形成和发展起来的一个完整的法律体系的总称，其主要代表为1804年制定的《法国民法典》和1896年制定的《德国民法典》，随着近代世界政治民主的制度变革和殖民扩张，大陆法系被带入欧洲以外的区域，并逐渐与这些区域的本土要素相结合，在世界各区域遍地开花展现出强大的生命力。目前，世界上属于大陆法系的区域主要分布在亚欧大陆的大部分区域、非洲的广大区域、东南亚部分区域、南美洲的大部分区域、北美洲的部分区域。

译者序

美国学者面对异域制度、异域文化通常都保持着一种特有的自傲与优越感。一个明显的例证是:在美国法学家对于法律进化过程的解说中,先进类型法治(律)模式的标志性构成元素,往往只能完整地存在于美国现实社会;而落后或次后类型法治(律)模式的标志性构成元素,则很容易在其他国家的现实中找到具体对应。这种思维和叙说方式,似乎已成为美国法学家集体性的文化自觉。正是由于这样一种意识氛围的存在,美国斯坦福大学名誉教授、著名比较法学家约翰·亨利·梅利曼(John Henry Merryman)的这本著作便彰显出其特殊的价值。梅利曼在对大陆法系法律制度及法文化的描述中所秉持的平和与宽厚、公允与诚实,在美国学者的著述中是不可多见的。不仅如此,梅利曼在本书中把“大陆法系与普通法系比较”这一极为陈旧的主题演绎出盈盈新意,即便是置身于大陆法系之中的人,面对梅利曼的一些论说,也会有豁然明悟之感。

(一)

地域不同、境况悬异的若干国家何以被概称为“大陆法系国家”?对这一问题,惯常的回答是:这些国家的法律制度具有某些共同特征。比如,以法典而不是以判例为基本法律形式;立法与司法严格分开等。但在梅利曼看来,共同的历史渊源是大陆法系得以形成的实质性因素，而这些特征则是派生性的表象。同时，这些特征并非完整地存在于大陆法系的每一个国家。如果不是从历史渊源，而仅是依据这些特征去识别和评价大陆法系每一个国家的法律制度，势必不能获得合乎逻辑的结论。构成大陆法系历史渊源的则是罗马法、教会法、商法、资产阶级革命的影响以及德国所创建发展的法律科学。

大陆法系最古老的渊源是罗马法。梅利曼在本书中着重叙述了罗马法几度枯荣的盛衰史。早在罗马王政时期，罗马奴隶制法就有了相当的发展。但是，当拜占庭帝国皇帝查士丁尼即位时，罗马法已趋于衰朽。重振帝国的雄心，激发了查帝编纂法典、恢复古老纯正的罗马法的宏愿。在他的主持下，法典编纂委员会经过为期 6 年的努力，编纂了后世称为《国法大全》的巨作，使罗马法的发展达到巅峰。随着罗马帝国的灭亡，《国法大全》的地位也一落千丈。当欧洲重新振兴，欧洲人再度控制地中海时，整个欧洲大陆席卷了一场以意大利波伦亚为中心的罗马法复兴运动。这样，罗马法的发展又一次进入鼎盛阶段。此后，虽因民族国家的兴起，主要由罗马法和注释法学家著作所构成的欧洲共同法(jus commune)遭到排斥，但是，罗马法已因其成为惯用的法律和它在技巧上的先进而为各国所普遍接受。法国、德国以及意大利等国的民法典即承继和汲取了罗马法的精华。

教会法是大陆法系这一交响乐章中一组不长的和声。在中世纪，法学成了神学的“婢女”，法律也成了宗教的工具。随着欧洲大陆各国纷纷皈依基督教，教会的权力不断扩大，教会法也得到了很快发展，并配合僧俗两界的政治斗争，与世俗法律各占半壁，分庭抗礼。但好景不长，宗教改革运动的开始，敲响了宗教统治的丧钟，教会法也被世俗法律所吸收而结束了自己的历史。尽管如此，教会法对大陆法系家庭法、继承法、刑法以及刑事和民事诉讼法仍留下了不可忽视的影响。

梅利曼把商法看作大陆法系历史渊源的组成部分之一。商法萌芽于古代地中海沿岸国家,发达于中世纪的意大利,繁盛于近代资本主义各国。商法产生的初始,仅是调整商业事务的规则,以后不断发展成为具有国际性的法律。18 世纪和 19 世纪,大陆法系主要国家普遍编纂了商法典,从而正式确立和巩固了商法的地位。现代大陆法系的商法不断同民法融合。一方面,由于商业活动的主体突破了商人范围,商法不断为民法所取代;另一方面,由于现代工商业国家重视商业的发展,商法的地位又日益突出。由此形成了商法"民法化"和民法"商法化"这两个彼此消长的格局。其结果便是,民法因"商法化"得到丰富;商法却因"民法化"而受到削弱。

在本书中,梅利曼还专门论述了资产阶级革命对大陆法系的影响。18 世纪开始的西方资产阶级革命以摧枯拉朽的理性力量,使大陆法系发生了重大的历史变革。革命的思想意识渗透于大陆法系的法律(尤其是公法)之中,在一定程度上改变了大陆法系的传统模式,而形成了富有革命意义的崭新格局。自然法思想产生了法律面前人人平等的原则;权力分立的理论导致了司法权、立法权的截然分立;国家实证主义排斥了宗教和地方势力对国家法律活动的干预;理性主义观念否定了封建司法的专横和擅断;对"个人私有权"和"契约自由"的倡导粉碎了传统的封建土地和人身依附的枷锁。尽管这场革命多少给法制改革涂抹上了"乌托邦"的色彩,但是,经过革命洗礼后的大陆法系,已呈现出崭新的风貌。

面对"概念明确、条理清晰、逻辑严密"的大陆法法典,任何一个不数典忘祖的大陆法系法学家都会承认法学在大陆法系发展过程中的作用。梅利曼通过对德国法学的介绍,论述了大陆法系的另一渊源——法学。法学在大陆法系已有久远的历史。但是"纯粹"的大陆法学只是到了19世纪才出现。以萨维尼(Friedrich Karl von Savigny)为首的德国潘德克顿派(Pandectists)学者,在法学研究的方法、法律概念及其运用、实体法与部门法的划分、法典编纂的方式等方面作出了前无古人的浩繁工作。他们的研究成果最终反映在《德国民法典》的体系以及德国民法学说之中,并进而推动了整个大陆法系法学研究和法律法典化的进程。

前述这些历史渊源共同构成了大陆法系的生成基因。大陆法系各国的法律制度及法律文化都不同程度地蕴含着这些渊源。如果说各国之间法律制度及法律文化存在一定差异的话,那么,这种差异也必定与这五种历史渊源整体或个别在各国的影响不同相关。

(二)

自日本学者穗积陈重首创法系理论后,人们就不断地探求各个法系,尤其是大陆法系和普通法系的特点,比较各法系的异同。梅利曼在本书中同样没有回避这些问题。但可贵的是,梅利曼并没有落入传统的窠臼,概念化地叙说大陆法系或普通法系的形式特征,而是透过各种表象去探究两大法系各个特征形成的内在机理以及各特征间的相互关联,并把这些特征放到一定历史背景中评价其功过得失。

梅利曼认为,实行政府权力严格分立的大陆法系国家,必然强调把立法权集中于立法机关,而不允许司法机关染指。这样,就产生了一系列结果。首先,普通法系"遵循先例"的原则在大陆法系国家中受到否定。大陆法系国家不承认法院的司法判例具有法律效力;即便是最高法院的判例,也不能约束下级法院。其次,排斥法官对于法律的解释权。在大陆法系的理论中,无论法官对法律作何种解释,都意味着“法官立法”,甚至法学家也不应对法典作任何评注。当这种要求无法适应司法实践时,法国、意大利等国一方面不得不承认一定的司法解释权,另一方面又设立了非司法性质的上诉法院,以审查司法解释是否有违立法本旨。这样,既使立法权得到维护,法律解释工作又不必立法者躬亲。最后,严格维护法的“确定性”,而不承认法官有任何衡平权。尽管维护法的“确定性”必然会在个别案件中牺牲公平原则,但大陆法系国家却不惜这种代价,以个别的不公正来确保整体的公正。

要求法官不折不扣地适用立法机关制定的法律规范,必然导致法律的法典化,以使法官能够得心应手地引律据典。因此,与普通法系相比,大陆法系更加注重法典的编纂。从查士丁尼到腓特烈,从拿破仑到俾斯麦,都把法典编纂看成是立法的重要任务,并力求使所编纂的法典完整以适用于各种事实状态,清晰而无须任何解释,逻辑严密而不出现任何冲突,从而使法典的适用成为一个“自动”的过程。在论述这一特点时,梅利曼批评了那种把有无法典或法典的多少作为两大法系区别标志的认识,指出两大法系的真正差异在于法典编纂的思想、法典系统化和概念化的程度以及对待法典的不同态度。

梅利曼认为,大陆法系对司法解释权以及法官衡平权的轻视和否定,决定了其对法官活动的限制和对法学家作用的器重。在大陆法系国家,法官俨如一个机器操作工。他只能谨慎地活动于立法者所设定的框架之内,而不能越雷池一步。在普通法系中,法官们在创造法律的同时也造就了他们显赫的名声与地位。而在大陆法系国家中,法官则属于默默无闻的工匠,其聪明才智被湮没在琐碎的、毫无创见的法律操作程序之中。法官职业往往是“二流”大学毕业生的“避难所”。相反,法学家们在大陆法系则始终受到推崇,因为唯有法学家才能创造出“系统、清晰、逻辑严密”

的法典，才能设计出庞大而复杂的法律机器。同时，与普通法系法学家的务实精神不同，大陆法系法学家醉心于抽象的理论法学，对司法实践所提出的问题不屑一顾。法学家们热衷于铸建恢宏的、永存不朽的概念化的法学架构，并力图使这种架构能够体现法学对不同历史时期以及各种社会现象的涵盖力，从而为立法及司法实践提供理论依据，支配实际的法律活动；同时又渗透于各种教科书，为法律职业的后继者们提供用之不竭的思想资源。受这种功利目标的驱使，大陆法系法学凸显出一系列特征：科学方法、系统结构、抽象化、概念主义、形式主义、纯粹主义。尽管经历了漫长的过程，大陆法系法学也曾相继面临多方面的责难，但这些特征与风格不曾发生根本性变化。

（三）

研究大陆法系的特点，总是以这个法系中某些国家的某个具有典型意义的历史断面为基础的，梅利曼的研究也是如此。他以西方革命后的法国、德国、意大利等国家的资产阶级法制建设为主要历史背景，对大陆法系的特点进行分析。然而，梅利曼没有把目光局限于这一阶段，而是把大陆法系看成是一个具有丰富多样性，且不断发展与变化的过程。

大陆法系以法国、德国、意大利这三个国家的法律制度和法律文化为典型代表，但各国的制度与文化在相互传承和相互影响的过程中，又出现了诸多变异，尤其是受本土历史因素的影响，各国又形成了富有自身特色的创新。因此，梅利曼提醒人们切忌呆板地看待整个大陆法系制度。事实上，除具有共同的历史渊源以及在这种渊源基础上所派生出的某些特征相同外，大陆法系各国的具体法律规范千差万别。用梅利曼的话说："只要把问题提到具体的范围，即某一法院按某种程序、适用某一法律，处理某个案件，我们就不可能找到两个审判方法完全相同、判决结果完全一致的大陆法系国家。”正因如此，在把大陆法系作为一个整体对象加以言说时，不时需要作出多种例外性说明。在此意义上说，大陆法系这一概念只是在理论研究意义上，且是在与其他法系的比较中才具有其特定的价值。

大陆法系国家的法律制度与法律文化的多样性和丰富性不仅体现于国家间的差异，同时又体现于同一国家在不同历史时期中存在的变化。作为法国法律制度精髓的《法国民法典》，虽然保持着其固有的风格以及法国大革命所遗留的深重痕迹，但面对时代变迁所产生的社会要求，法国的民商法制度无论在形式上抑或在实质上也不能不作出必要的变革。相同例子在其他国家也不鲜见。就整体而言，大陆法系的传统是以民法为中心，以私法为壁垒的，民法典在大陆法系某些国家中曾具有宪法的地位。但随着社会的发展，并随着法律对社会发展过程的回应，民法典的中心地位逐渐减弱，法律制度的中心内容出现了“由民法典到宪法，由私法到公法，由普通法院到宪法法院，由法律实证主义到宪法原则的剧烈转变”。这一变化代表着大陆法系的整体变化趋势，同时也使大陆法系获得了更强的生命力。

大陆法系在不断变革的过程中，其极端性的特征渐次衰减，这同时也意味着大陆法系与普通法系的差异日益缩小。当然，这种结果也导源于普通法系相同内容的变革。由此可见，人们所看到的是两大法系相互交融、彼此吸收的历史趋势。梅利曼揭示了大陆法系这种变化的三个主要取向：一是“非法典化”，亦即立法至上的神圣权威受到挑战，特别立法和法官（法院）解释法律的现象愈趋普遍；二是“宪法化”，亦即新的宪政主义在更广泛的层面上影响着社会，而民法典的中心地位趋于衰微；三是“联邦化”，亦即欧共体（今天的欧盟）立法在效力上高于法国、德国等欧洲国家的立法,这不仅对传统的民族国家理念形成了冲击,而且也使法国、德国、英国这些分属大陆法系与普通法系的国家共处于一个相同的法域。这些变化昭示着大陆法系正面临着一场深刻的变革,浴火后的大陆法系,自然不会蜕变为具有普通法系血脉的凤凰,但在现实制度及法律现实运作层面上,两大法系的重大差异也在渐渐消退。由此可见,不难想到梅利曼贯穿于本书中的一个十分明确的观点:“法律是文化的一部分,并且是历史悠久和根深蒂固的一部分”;“法律根植于文化之中,它在一定的文化范围内对特定社会特定的时间和地点所出现的特定需求作出回应。从根本上说,法律是人们认识、阐述和解决某些社会问题一定的历史方法。”如果说,大陆法系与普通法系的传统差异产生于不同国家彼此相异的文化底蕴,那么,现今两大法系的相融与交汇或许也正是基于各国文化在全球化的浪潮中的不断趋同。

(四)

最初向我提供本书原著的是我的研究生导师王锡三老先生。20 世纪 80 年代初,复办伊始的西南政法学院无力为研究生提供理想的外语教师,练习笔译便成为我们学习外语的主要方式。因此,翻译本书的初衷与其说是对本书内容的偏爱,不如说是本书通俗流畅,适于我们翻译(依当时的外语水平仍有很大难度)。本书初版(先在校内印刷,后由知识出版社出版)完全是我和研究生同学禄正平先生练习外语的一个“副产品”。至于如何获得原著者的同意以及版权等方面的事宜,当时根本未纳入我们的谋虑。1993 年,我作为访问学者去斯坦福大学,曾向接待方提出拜见梅利曼先生的请求。得知我希望拜见的缘由后,接待者婉言劝我放弃。事后,我也为其时淡漠的版权意识而惭愧。

基于本书在中国法学界的良好反响,法律出版社经过努力,最终取得了中译本的版权,丁小宣先生约我根据新版原著重新校译。为补原译之疏漏并反映作者后来对原书所作的删改和增添,我又邀请四川大学法学院李浩先生校对全部译稿,并由他增译了第二十章。

2016 年,法律出版社获得原著第三版的中文版权,并约我重译。限于我的精力和英文水平,已难胜任此项工作,故邀西南民族大学吴荻枫副教授与我共同完成。吴荻枫投入了大量精力依新版本对全文进行了重译,我则对中文译稿进行了必要的审校。值此新译本出版之际,谨向曾经参加原版翻译的禄正平、李浩先生致以衷心感谢! 薄薄一本小书,集聚了众人的辛劳,足见法律文化传播之不易。

顾培东
2003 年 11 月于成都
2017 年 10 月修改于成都

第三版序言

自本书1984年的第二版问世以来,大陆法系已发生了诸多变化。随着苏联和社会主义法系的解体,大部分前社会主义共和国重归大陆法系;大陆法系的"司法化"和"宪法化"进程仍在继续,"非法典化"和立法的相对重要性降低的趋势也同样在继续;法官的权力和地位在增长;行使强大法律功能的全球性和地区性的组织和机构在增加。大陆法系这些根本性变化远超同期普通法系缓慢得多的演化。

罗格里奥·佩雷斯·佩尔多莫教授(Professor Rogelio Pérez - Perdomo)是世界知名的社会法和比较法学者,也是斯坦福大学的常客。《大陆法系》第三版幸有他加入,作为合著者,他的合作令本书增色不少。

约翰·亨利·梅利曼

2006年于斯坦福

第一版序言

本书专为业余读者而非法学专业人士而撰写。其对象为:希望了解西欧和拉丁美洲法律制度之间的联系以及它们同英美法律制度之间区别的一般读者;希望了解欧洲和拉丁美洲文化中法律概况的业余法学爱好者以及为历史学、政治学、社会学、哲学、国际关系学、区域研究或法学等课程寻求补充读物的学生。未研习过外国法和比较法,却因工作或其他需要想弥补此方面不足的法律职业者,也可从本书受益。对于那些因履行公务或从事个人商务而须涉足欧洲或拉丁美洲(或其他大陆法系国家)的人们来说,本书亦可提供背景知识方面的阅读材料。然而,外国法及比较法的专业同行们可能会觉得本书内容过于基础且过于宽泛,而提不起兴趣。

虽然,本书正文中我已表明不打算介绍任何具体国家的法律制度,但对有关法国和德国的一些特殊问题,也不得不在此专门说上一句。法、德两国对大陆法系都有过卓越的贡献,时至今日,法、德两国在大陆法系法学理论中仍然占据主导地位。然而,法、德两国的法律制度都不是“典型”的大陆法制度,其实从某种意义上说是最不典型的制度。法国革命的意识形态和法国法典编纂的方式对德国法典的影响是有限的;德国的法律科学(legal science)也从未真正盛行于法国。然而,大陆法系中的其他国家却在很大程度上承继和融合了法、德这两国的影响,欧洲地中海沿岸国家和拉丁美洲的绝大多数国家尤其如此，这也在一定程度上适用于大陆法系的其他大多数国家。法国或德国的读者可能发现，本书的许多论述在其各自法律制度中不具代表性，这是因为他们各自国家的法律制度具有非典型性。大陆法系包括欧洲、拉丁美洲、亚洲、非洲和中东许多国家的法律制度，书中介绍的是它们共有的法律传统，而非法国法或德国法。

这里我顺便说一下本书的观点问题。自然，我无意于建议所有大陆法系国家的法律职业者都接受或相信本书将呈现给读者的那些他们传统中的过或不及之处。恰恰相反，我始终表明，我是在论述“流行”的看法（我在第十九章将再次强调这一点，希望读者不要错过）。在法律思想的发展过程中，有普通法律职业者，也有对法学思想的发展具有渊博知识、富有批判性的法学家。学识精深的法学家总是少数，且不具有代表性，但是，即便在最落后的国家中，也会有少数法律职业者对本书的观点持相异的看法。在像法国和德国这样较为先进的大陆法系国家中，开明而思想解放的法律职业者的人数较多，其法律秩序摆脱传统观念的不利影响的程度也较大。这是法、德两国制度不具典型性的又一例证。然而，本书论述的是大陆法系中普通法律职业者通常的思路，即使这在法学思想的领军人物看来是错误的。

斯坦福大学法学院院长贝利斯·A. 曼林告诉我需要有这样一本书，并鼓励我动笔。三位著名的比较法学家——佛罗伦萨大学教授莫罗·开普列，牛津大学前任教授 F. H. 劳松以及汉堡的马克·普兰克大学教授康拉德·委吉特，热心地阅读了本书初稿并提出了许多修改意见。我在斯坦福大学的同事乔治·图尔斯·毕尔博士在罗马法的许多问题上给了我很大的帮助。不少富有想象力和创造力的学者撰写的大量外国法和比较法的专著，使本书能从中吸取不少教益。马克·普兰克学院研究协会的海因·

科次博士以及斯坦福大学法学院 1967 年到 1968 年兼任教学工作的研究生杰尔特·罗里斯，也在很多方面帮助了我，特别是对有关德国法律的问题提供了权威性的意见。罗斯·圣约翰·瑞格夫人干练、耐心和热情地为本书出版做了大量文书工作。在此，对上述各位谨致谢忱。

约翰·亨利·梅利曼

1969 年于斯坦福

目　录

第一章　两大法系概说 …………………………… 1

第二章　历史起源 ………………………………… 6

第三章　革命对大陆法系的影响 ………………… 18

第四章　法律渊源 ………………………………… 23

第五章　法典与法典编纂 ………………………… 30

第六章　法官 ……………………………………… 41

第七章　法律解释 ………………………………… 47

第八章　确定性与衡平性 ………………………… 57

第九章　法学家 …………………………………… 66

第十章　法律科学 ………………………………… 72

第十一章　民法的一般原理 ……………………… 80

第十二章　法律活动 ……………………………… 93

第十三章　法院系统 ……………………………… 99

第十四章　法律的分类 …………………………… 105

第十五章　法律职业 ……………………………… 116

第十六章　民事诉讼程序 ………………………… 127

第十七章 刑事诉讼程序 …………………………………… 142
第十八章 违宪审查 ………………………………………… 152
第十九章 观点透视 ………………………………………… 161
第二十章 大陆法系的未来 ………………………………… 171

推荐阅读书目 ……………………………………………… 180
索 引 ………………………………………………………… 186

第一章　两大法系概说

当今世界存在两大极具影响力的法系:大陆法系和普通法 1
系。本书所要介绍的是其中历史更为悠久、分布更为广泛、影响更为深远的大陆法系。

读者将会注意到,我们所使用的术语是“法系”(legal tradition),而不是“法律制度”(legal system),这旨在区分两个完全不同的概念。我们这里所说的“法律制度”,系指一系列现存的法律机构、法律程序以及法律规则。就此意义而言,美国有一个联邦法律制度和五十个州的法律制度。每一个国家都有其独立的法律制度,即使像欧盟和联合国这样的组织,也有其独立的法律制度。在这个由主权国家和国际组织构成的世界上,有多少个国家和组织,就有多少种法律制度。

各国的法律制度通常都被分为“类”或“系”,因此,英国、新西兰、美国的加利福尼亚和纽约的法律制度就被称为“普通法”制度,用这种方式将它们归为一类有充分的理由。但是,并不能因此就认为它们有完全相同的法律机构、法律程序和法律规则;相反,它们之间不仅在实体法上有很大差异,而且在法律机构以及法律程序上的区别也显而易见。

类似地,法国、德国、意大利和瑞士有它们自己的法律制度,阿根廷、巴西以及智利也是同样的。的确,这些国家经常都被称作“大陆法”国家,而本书也将力图阐明为什么将其作此分类是有道理的。但是,认识到这些国家现行的法律制度存在许多差异也很重要。它们各自也有着大不相同的法律规则、法律程序和法律机构。

在本书之前的版本中,曾简要谈到了第三大法系。20 世纪的多半时间中,社会主义法律支配着苏联、中国及其他几个奉行社
2 会主义的国家。当时,第一世界(资本主义国家)、第二世界(社会主义国家)和第三世界(发展中国家)之间,即使是外交辞令也大相径庭。社会主义法律信奉社会主义(state socialism)的政治经济的前提和目标,暗含着一种显然不同的关于国家、法律和社会的观念。实际上,在苏联式社会主义的巅峰时期,存在一种建立独立且有效的社会主义法系的组织化努力。然而,大多数适用社会主义法律的国家先前是大陆法系的一员,当社会主义法律的上层建筑崩溃之后,它们又回归了大陆法系。

近几个世纪以来,在强调国家主权的重要性、推崇以民族特征和传统为内容的民族主义思想潮流的影响下,世界被析分成了许多独立国家。各国法律制度的差异恰好反映了这一事实。在此意义上,没有所谓的大陆法制度或普通法制度。相反,在这两大法系之内都各自存在许多不同的法律制度。但是,这些不同的法律制度,可以在某一概念下,比如以“大陆法”为名归为一类,这说明它们具有某些共同之处,具有某些与“普通法”相区别之处。正是这种独特的共同之处,被称为“法系”,并且因此可将法国、德国(以及其他许多国家)的法律制度称为大陆法制度。

法系这一术语,意味着这不是指一套关于合同、公司或者犯罪的法律规则,尽管这些规则在某种意义上都是法系的表现形式。准确地说,法系是指关于法的性质,法在社会和政治中的地位,法律制度的实施及其相应的机构,法律的制定、适用、研究、完善和教育的方法等一整套根深蒂固并为历史条件所限定的理论。

法系将法律制度与文化相联系，而法系又是文化的一部分，它将法律制度纳入了文化的视野。

在现存的众多不同法系中，上面提到的两大法系有着特别的意义。这既因为它们在强大的、技术先进的国家中施行，也因为它们已被输送到世界其他地区，产生了或多或少的影响。两大法系中，大陆法系的历史更长，分布更广。它的起源可以远溯至公元前450年，即罗马《十二铜表法》颁布的时代。目前，在绝大多 3
数欧洲国家、整个拉丁美洲、亚洲的诸多地区，甚至在普通法国家的某些地区（如美国路易斯安那州、加拿大魁北克省以及波多黎各），大陆法系均是占统治地位的法系。大陆法系对于那些被称为国际法之父的欧洲政治思想家们来说也并不陌生。欧盟基本章程的制定、法律制度的实施和不断发展，正是这些深受大陆法熏陶的人们的业绩。大陆法系对某些特定国家的法律、对国际组织的法律制度以及对国际法的巨大影响，怎样评价均不为过。

可是，普通法系国家的人们却不习惯于从前述角度来评价大陆法系。因此，我们在此不得不重申：大陆法系比普通法系历史更悠久，分布更广泛，影响更深远。至少在此意义上，大陆法系更为重要。此外，许多人以为，从文化角度来看，大陆法优于普通法，在他们看来，普通法较为粗糙且漫无体系。这种优越论的观点其实与本书主旨无关。事实上，两大法系中学识丰富的比较法学家早已摒弃了大陆法系和普通法系孰优孰劣的争论。但是，不少人仍然认为大陆法系较普通法系更胜一筹的现象，却与我们的主题相关。这种态度本身就构成了大陆法系传统的一部分。

因此，一个中美洲相对不发达国家的法学家，可能会深信他们国家的法律制度明显比美国或者加拿大的法律制度更为优越。除了那些学识非常渊博的比较法学者之外，他们可能会在普通法法学家面前表现出高傲的姿态。尽管他们也许会承认我们经济发达,羡艳我们的生活方式,但是他们会把我们的法律制度看成是不发达的制度,把我们的法学家看成是相当缺乏法学素养的人,从而得到精神上的补偿。如果我们没有考虑到大陆法系法学家就普通法所持有的此种态度,就可能招致误解并增加交流的困难。本书目的之一就是使我们了解此种态度产生的根源,并相应说明此种态度在某种意义上的合理性。

通常,习惯上以公元1066年诺曼底人于哈斯丁斯一役击败当地土著、征服英格兰作为普通法系肇始的标志。如果我们接受这一日期,那么普通法系至今不过900多年的历史。而我们清楚地记得:当大陆法系的主要组成部分——查士丁尼的《国法大全》(下一章将有所论及)——在公元533年的君士坦丁堡颁布时,大
4 陆法系的历史就已经与今日普通法系的全部历史一样长了。不过,由于大英帝国殖民主义的扩张和渗透,普通法在世界范围内广为传播。今天,这一法系在英国、爱尔兰、美国、加拿大、澳大利亚、新西兰等国占有统治地位,对亚洲和非洲许多国家的法律也有巨大影响。

虽然日本和中国不曾是任何欧洲国家的殖民地,但19世纪末或20世纪初,它们改良了大陆法系的法典及其他机制。因此,许多日本、韩国和中国的法学家认为他们是大陆法世界的一部分。尽管如此,比较法学家意识到东亚有一种独特的传统,传统文化强调社会和谐,尊重社会等级制度。一些观察家将这些特征与儒家思想相联系,并认为存在一种儒家法系。当然,日本的法律与法律文化与德国实际上并不类似,即使日本民法典几乎与德国民法典一样,即使德国的法律书籍在日本也有读者。美国公法对日本和韩国有重大的影响,但没人会认为日韩是普通法国家。

伊斯兰世界曾经受到过多种重大的法律影响。20世纪早期,作为现代化进程的一部分,土耳其引进了瑞士民法典。黎巴嫩和

阿尔及利亚曾是法国殖民地，接受了法国法，但后来独立建国并走上自己的道路。其他国家，比如也门和沙特阿拉伯，受西方法律的影响较小。在许多穆斯林人口众多的国家里，伊斯兰教现在已经强力复兴，再度产生了对伊斯兰法律传统的强调。不过，这些国家中许多世俗的法律仍是源于大陆法系或普通法系。

大陆法系与普通法系并非彼此隔绝。作为西方共同的历史文化的组成部分，二者之间有多种联系并交互影响。美国宪法可部分解释为受到了欧洲启蒙运动的影响。后来，美国的宪政主义又对拉丁美洲和欧洲产生了巨大影响。比如司法审查，现在已牢牢植根于两大法系之中。建筑物区分所有权(condominium)是大 5
陆法的创造，已被美国欣然采纳，而许多大陆法律制度也编入了普通法的信托制度。

两大法系都起源于欧洲，这值得我们思考。当然，当今世界上尚有其他诸多法系并存，新的法系还在不断形成。但是，我们所说的这两大法系能够占据统治地位，乃是前几个世纪欧洲帝国主义的直接结果，正如罗马法早先的统治地位是罗马帝国主义的产物一样。

历史学家惯于处理人类事务中恒定与变化的共存问题。虽然我们在此不打算讲述法律历史，但是我们关于大陆法系传统的讨论必然是将这种传统当作某种持久之物，甚至当作法律制定中的特殊要素，而法律制度是与法律传统共同兴起衰落和演化的，18 世纪法国或西班牙的律师认不出我们将要描述的大陆法系，正如华尔街的律师与伊丽莎白一世时的律师大相径庭。传统中的变化与恒定是我们本书中将要讨论的话题。

第二章 历史起源[1]

6 前章所讲的大陆法系留给人们的印象似乎是纯正单一的。然而,现在我们必须面对令人不快的事实:事情并非如此简单。大陆法系是由数个独特的要素或者说亚传统(subtradition)组成的,这些亚传统有各自不同的历史起源,并在不同的历史阶段发展起来。本章及随后几章将从如下方面论述这些亚传统:罗马私法、教会法、商法、革命对大陆法系的影响以及法律科学。对每个方面进行简述,能够便捷地概括大陆法系的历史演进,并说明大陆法系的某种复杂性。

大陆法系最古老的亚传统,可直接溯源于公元6世纪查士丁尼皇帝统治时期所编纂的罗马法。罗马法包括人法、家庭法、继承法、财产法、侵权行为法、不当得利法和契约法以及对上述范围内的权益进行司法保护的法律救济手段。虽然实际生效的法律规范常常发生巨大的变化,但从公元533年查士丁尼颁布《法学阶梯》的前三篇(人法、物法、债法)到19世纪的主要民法典,所涉及的实际上都是各种相同系列的问题和关系。这些法典所涵盖的主要方面,就是大陆法系法学家们所说的"民法"(civil law)。大陆法系法学家认为,这些主题形成了一个相互关联的法律体

〔1〕 原著中本章标题为:罗马私法、教会法、商法。为使全书体系协调,根据本章内容,我们译为"历史起源"。——译者注

查士丁尼一世（约482年—565年11月14日），东罗马帝国皇帝。他是那个时代一位励精图治的伟大改革者，通过在政治、经济、宗教、法律等领域的改革，他为东罗马帝国打下了稳固的基础，使这个帝国又延续近千年之久。其中，他在法律领域的成就足以使他光耀千秋：他下令对罗马法进行整理，组织编纂《国法大全》。尽管查士丁尼法典在东罗马帝国衰亡后一度失去其影响力，但在欧洲文艺复兴运动的推动下又重新焕发出它的热力。

系，构成了法律制度的基本内容。这种信念植根于欧洲和世界其他接受大陆法传统的地区，并成为普通法系法学家所说的“大陆法制度”(the civil law system)的主要特征之一。政府活动的扩张和公法重要性的增长，并没有从根本上动摇这个信念。对多数大陆法系法学家来说，“民法”仍然是基本法。由此产生了一个术语上的问题：普通法系法学家用“civil law”一词表示属于大陆法系国家的整个法律制度，而大陆法系法学家却用“civil law”这一术语表示其法律制度中上述那一部分。本书中将用“罗马私 7
法”(Roman civil law)一词指代这部分法律，以避免理解上的歧义。

君士坦丁堡的东罗马皇帝查士丁尼下令，由法学家特里波尼(Tribonian)指导、编写现在称为《国法大全》一书。查士丁尼当时有两个主要动机：其一，他是复古派。他认为当时的罗马法已经衰废，他试图拯救过去几个世纪腐败的罗马法制度，恢复它最初的纯洁和庄严。其二,他又是一个编纂家。具有权威或准权威的法律规则如此浩繁,并包含了太多细致而不同的意见。查士丁尼认为,清除其中错误、含混或重复的东西,解决冲突和疑难,将值得保留的材料按某种系统的形式加以编纂,这看来是可取的。查士丁尼特别注意到许多法学学者(称为法学家,jurisconsults)写成的大量评注和论文,这些评注和论文的篇幅不一,内容各异。除了古代最伟大的法学家著述之外,他试图废黜其他著述的权威性,并使以后任何新增的注释和论文都成为多余。

《国法大全》颁布后,查士丁尼立即禁止再行参阅其他任何法学家的著作。得到他承认的著作都被收录在《国法大全》中,因此,从此以后只能参考《国法大全》,而不是原始权威。查士丁尼还禁止对其编纂的法典本身作任何评注。换言之,查士丁尼试图废除《国法大全》中未曾收录的一切先前法律。而且他认为,他所编纂的法典不需借助法学家的进一步注释和评论,就足以解决一切法律问题。他焚毁了特里波尼所收集的一些法学家的著作手稿,以此加强他禁止引用原始权威著述的效力。禁止引用《国法大全》以外的其他著作,实际上还毁掉了更大数量的法学著述。因为此种禁令自然减少了保存和复制这些法学家著作的兴趣(可想而知,这两方面的影响让致力于研究查士丁尼以前罗马法的人们的工作变得困难)。然而,他禁止对其编纂的法典加以评注的命令却收效甚微,在查士丁尼在世期间就遭到了轻视。

8 查士丁尼的《国法大全》的内容不仅局限于罗马私法,还涉及皇权、帝国的机构设置以及被今日法学家界定为公法等诸多问题。但查士丁尼法典中关于罗马私法的部分一直是人们最为深入研究的课题,并成为了大陆法系国家法律制度的基础。私法以外的其他部分,因为似乎不太适用于异时异地的其他民族与政府,所以较少被认真研究和运用。无论如何,《国法大全》为罗马私法提供了绝大部分内容。

随着西罗马帝国的衰亡,罗马法渐渐失去了活力。入侵者在意大利半岛的各民族中适用较为原始粗糙的罗马私法,同时也带来了自己的日耳曼习惯法。日耳曼习惯法根据其法律的属人主义原则,只适用于日耳曼民族自身(无论这些人在任何地方),而不适用于被征服民族。尽管如此,在意大利部分地区、法国南部以及伊比利亚半岛,某些日耳曼部族法和当地的罗马法制度却开始发生融合。经过若干个世纪,这种融合产生了欧洲人称为“庸俗化”的或“粗俗化”的罗马法,如今主要是法制史学家对之感兴趣。查士丁尼的计划不仅是复兴罗马法,而且是复兴罗马帝国,他是东罗马即拜占庭帝国的皇帝。但他收复意大利半岛的勃勃野心未能实现,而今日的西欧(除了在西哥特人之后又被阿拉伯人征服的西班牙之外)当时是在日耳曼入侵者的控制之下。

当欧洲人再次控制地中海时,文学艺术再生繁荣的非凡时期到来,即文艺复兴开始,研习法律的学术风气又一次兴起。大陆法系法学家通常称之为“罗马法的复兴”。这一运动公认肇始于公元 11 世纪晚期的意大利博洛尼亚(Bologna)。其实,在东罗马帝国,人们早在公元 9 世纪即恢复了对《国法大全》的兴趣,由此
产生了用希腊语出版的《教会法》(the Basilica)。虽然《教会法》 9
比随后的意大利复兴的影响较小,但它仍然是希腊民法的重要渊源,直到“二战”之后第一部《希腊民法典》颁行。

最早的现代欧洲大学出现在博洛尼亚,而法律是一门主修课。但是,所研习的法律既非日耳曼入侵者所实施的粗俗化的罗马法,也不是地方市镇、商人行会及采邑领主所制定的地方法规或他们所遵循的习惯法,而是查士丁尼的《国法大全》。

《国法大全》

《查士丁尼国法大全》是《查士丁尼法典》《查士丁尼学说汇编》《查士丁尼法学总论》和《查士丁尼新敕》的合称。它的颁布标志着罗马法已经发展到完备阶段。其中，《法典》是历代罗马皇帝所颁布的宪令，按年代顺序编排，共编出10卷，凡未被列入的都一律作废。《学说汇编》搜集和节录的是已知公认的法学家的著作，共编出50卷，凡未被选入的法理陈述都被宣布为无效，以后永远不许在法律上引用。《法学总论》是一本罗马私法教科书，由皇帝钦定，本身具有法律效力。565年法学家又把查士丁尼皇帝在法典编完后陆续颁布的168条新敕令汇编成集，称为《查士丁尼新敕》，此大全是罗马法的精华和集锦，它总结和汇集了罗马法和罗马法学发展的最高成就，对罗马法的广泛传播起了不可忽视的重大作用。

博洛尼亚大学校徽

博洛尼亚大学是世界范围内广泛公认的、拥有完整大学体系并发展至今的第一所大学，被誉为“世界大学之母”。博洛尼亚大学的兴起与罗马法的发现息息相关。公元11世纪末,意大利博洛尼亚附近发现了古罗马《学说汇纂》的完整抄本，有一大批人怀着类似研究圣经的学术热忱开始整理研究这些写在羊皮纸上的罗马法，他们采取研究圣经的注释方式，试图找到散乱的法律条文背后的内在逻辑，这些学者被称为注释法学派。因为他们研究和注释罗马法而形成了社团，而这些社团慢慢结合起来形成现代大学，因此可以说罗马法研究推动了现代大学的兴起。

有几个原因导致了对《国法大全》的偏重和对其他可适用法律的忽视。

第一,“我们是站在巨人肩上的侏儒”这种中世纪欧洲的知识特征的概念。巨人的古老智慧包含在伟大的著作中:《圣经》、教会先驱们的著作、亚里士多德的著作。伟大的法律著作就是《国法大全》,尤其是《学说汇纂》(the Digest)。《国法大全》的内容是罗马法,罗马法是罗马帝国和教会的法律(因为教会曾在罗马法的统治下)。因此,《国法大全》有教皇及世俗皇帝的双重权威支持,这使它在效力上和适用范围上远远超过了地方诸侯的法规、行会规章以及地方习惯。

第二,法学家们承认《国法大全》具有高质量的知识水平,他们称它为“成文法理”(written reason),认为它优越于日耳曼人侵者统治下所适用的粗俗化的法律汇编。《国法大全》不仅具有教皇和世俗皇帝所赋予的权威,而且具有因文明和智慧方面显胜一筹所带来的权威。

在不长的时期内,博洛尼亚大学和意大利北部的其他大学成为了西方世界的法学中心,来自欧洲各地的人们到这里来学习它们所开设的法律,即《国法大全》课程,拉丁文是学习中使用的共同语言。就如何更为恰当地研究和解释《国法大全》,产生了一系列学术流派。在法学观点和著述方式上特别突出的是学者们所熟知的注释法学派(the Glossators and the Commentators)。他们撰写了大量的文献,这些文献本身就成为研究和讨论的对象,并获得了极大的权威。

在博洛尼亚大学学习了法律的人们重回故里后,建立了本国的大学,他们按照注释法学家的方法,也来讲授和研究《国法大
10 全》。就这样,罗马私法和注释法学派的著作成了一种欧洲共同法律的基础,法制史学家将之称为“共同法”(Jus commune)。共同法有着共同的法律体系和法律作品,有着共同的法律语言,而且还有共同的法律教学和著述的方式。

最终,在法国,后来被称为人文主义学派的法学家们批评《学说汇纂》是一本杂乱无章且晦涩难懂的著作。他们强调人文主义和唯理主义,并将注意力转向了查士丁尼的《法学阶梯》(Institutes);《法学阶梯》是一本较短的系统性著作,最初是打算当作法律教科书。

民族国家的兴起和国王权力的增长,为受过大学教育的法学家们提供了重要的机会。他们效力于皇家机构,这些皇家机构是国王的权力工具。对这些官员来说,真正的法律存在于他们在大学中研习的古老文本中。他们并不认为国王的立法构成了法律,而只是将之当作对法律的某种解释。因此,具有讽刺意味的是,

罗马法和共同法是随着民族国家的兴起而兴旺发达的。

在欧洲部分地区（如德国），罗马私法和博洛尼亚学者们的著作被正式“接受”（received）为有约束力的法律［大陆法系法学家用“继受”（reception）一词来概括大陆法系各国把共同法纳入民族国家法律之中的过程］。在欧洲的其他地方，“继受”没有这么正式。《国法大全》和注释法学派的著作因其作为智识上更优越的制度所产生的吸引力，而被认为具有权威。然而，无论采取正式还是非正式的方法，罗马法被西欧的多数国家所继受，这些国家现在是大陆法系的发源地。

19 世纪，西欧主要国家最终采用了民法典（以及其他法典）。其中，法国 1804 年的《拿破仑法典》是这些法典的蓝本。这些民法典的主旨与查士丁尼《法学阶梯》的前三篇以及中世纪欧洲共同法的主旨大体一致，基本概念实质上都来自罗马法或理性化的罗马法，且法典体系和结构也如出一辙。今日的欧洲或拉丁美洲的民法典明显反映了罗马法及其在中世纪和现代的复兴的影响。 11
罗马私法集中体现了最古老、最持久且最彻底的研究成果（按照大陆法系法学家的观点），并构成了大陆法系最基础的部分。

罗马法常被认为是罗马对西方文明做出的最大贡献，而罗马法的思维方式确实渗透了西方的每一个法律制度。某种意义上，所有的西方法学家都是罗马法法学家。不过，罗马私法对大陆法系国家的影响比起对普通法系国家的影响远为普遍、直接和具体。

大陆法系的第二个最古老的组成部分，是罗马天主教会的教会法。教会法早在纪元初期就已产生，有其丰富多彩的历史，其中包括在长达数百年间，伪造的教会法文本被视为原作真本。经收集和整理的教会法得到集成，迄至博洛尼亚的复兴时代，已经有了大量的成文教会法文本可供研究使用。格兰西的《教会法汇要》(Decretum)本身就是汇编的文本,其对于教会法的意义就相当于《学说汇纂》对于罗马法的意义。

这部分法律与程序是教会为其自身管理和调整教徒的权利和义务关系而发展起来的。正如罗马私法是世俗帝国的普遍法则,直接与皇权相联系,教会法是宗教界的普遍法则,直接与教会权力相联系。

但在实务中,不同类型法律之间的区别并没有那么明显。应当适用皇家法律的皇家法院任用的是受过大学教育的法学家,而他们受到的是罗马法的训练,当然偏爱罗马法;适用习惯法的领主法院也受到学院派法学家的影响;教会法院任用的教会法法官在大学中既学习教会法,也学习罗马法。司法存在趋同趋势。教会法院时常就家庭和继承事务,以及特定类型的犯罪行使司法权。〔2〕

在大陆法系的大学里,教会法研究与罗马私法的研究融会在一起,学生修习“双法”。修完全部课程的学生被授予双法博士学
12 位(Juris Utriusque Doctor, J. U. D.)。大陆法系国家的一些大学至今仍在授予双法博士学位。这两门法学在大学里被合并研究,所以存在彼此影响的趋向。教会法与罗马法一同促进了后来为欧洲国家所接受的共同法的形成。

教会法对共同法的影响主要在家庭法和继承法(这也是罗马私法中的两个部分),刑法和程序法方面。当欧洲教会法院被剥夺了民事审判权时,它们所发展的许多实体法、程序法上的原则和制度,便被皇家法院本身所吸收。

这种罗马私法—教会法的共同法是欧洲普遍适用的法律。当然,在欧洲适用的还有大量地方性法律(local law),其中有些是

〔2〕 主要是侵犯宗教的犯罪。——译者注

习惯法，有些是诸侯、封主、市镇或团体的制定法。一般来说，这些法律在性质上是特殊的，仅仅是有关地方利益的立法。法学家的注意力集中于共同法，而不是各种地方性法律。但是，地方性法律也对共同法的发展有些影响。许多重量级的法学教师和学者同时也是执业律师，他们在诉讼活动中与地方性法律有着千丝万缕的联系。他们在习惯法和地方性法律中所认识的内容（尤其是刑法等法律部门，在罗马法中未得到发展的或被认为不适用），对于共同法思想的形成发挥了有益的作用。同时，他们在学术上的嗜好以及他们对于罗马私法优越性的信念，也强烈地影响了地方法的发展，这两种法律沿着学者们所希求的方向趋于合一。

欧洲各国对共同法的继受，最终引起了各国对认同和保留（某些情况下是尊崇）本国法律制度的关切。法国各地的习惯集中存在于习惯法地区（pays de droit coutmier）[与那些通常被划为成文法的地区（pays de droit ecrit）相区别。在成文法地区，罗马法具有支配性的影响]。随着法国自觉地成为了一个民族国家，习惯法成为了民族骄傲和学术探讨的一种源泉。法国大革命之后，在法典编纂中，人们努力把来自习惯的各种制度吸收进新生的中央集权的法律秩序中。在德国的法典编纂准备工作期间，所谓“日耳曼法学家”和“罗马法学家”之间产生了争论。由于“日 13
耳曼法学家”的反对，原来拟定适用于统一德国的民法典草案被否决，他们指责这个草案在形式上和实质上都纯粹是罗马法，忽略了本国的法律制度。他们促成了草案的修改，以使其更具有日耳曼精神，而少一点纯粹罗马法的色彩。

以这样或那样的方式，欧洲主要国家的本民族法律制度的发展呈现各自的某种特色。这些特色可直接归因于认同本国的法律制度，并使其传之久远和发扬光大的愿望。这种趋势，其实是当代不同的大陆法国家法律制度之间存在区别的主要原因之一。

但是,将这些国家联系在一起的是在共同法的影响下,各国地方法律制度与罗马私法在实质上和形式上的结合。罗马私法的影响居于极为重要的地位。本地法律的贡献,虽然也是实实在在的,但一般是次要的。它不产生像基本法律意识和观念这样的东西,也不产生法律秩序的风格和体系,而这些是从更古老、更得到了充分发展和更成熟的罗马私法传统中吸收而来的。

大陆法系中继罗马法和教会法之后的第三大亚传统是商法。尽管商法中的某些制度与商业本身一样古老,但是,西欧的商法(如历史所示,也包括普通法系国家的商法)主要发展是在中世纪的意大利。当时欧洲的商业重新控制了地中海沿岸,意大利的商人们组织了行会,制定了进行商事活动的规则。中世纪的意大利城市成为商业中心,商事规则在这些城市中的发展(特别是阿马尔菲、热那亚、比萨和威尼斯)推动了商法的发展。与由学者撰写的带书卷气的罗马私法和教会法不同,商法是实际从事商业活动的商人们重于实效的创造。商法的解释和适用由商事法院负责,在商事法院中任职的法官亦是商人。商业上的需要和商人们的利益,而非查士丁尼和教会法学者编纂的法律,成为了商法的主要渊源。不过,商人法官也向受过教育的法学家咨询,以避免与皇家法院相冲突。罗马法的语言和制度以这种方式影响了商法。

14 在商人行会的活动中,沿海城市中所发展的商法很快具有了国际性,成为遍及整个商业世界的共同商法,甚至包括抵制罗马法的地区,比如英国。这种欧洲的共同商法后来为各民族国家所接受。最后在18世纪和19世纪被大陆法系各国汇编成为商法典。

上述大陆法系的三个亚传统——罗马私法、教会法和商法,是现代大陆法系各国大部分私法、程序法以及大部分刑法中的概念、制度和程序的主要历史渊源。在资产阶级革命和法律科学

(下面几章中论述)的影响下,这些历史渊源以现代的形式体现在大陆法系各国典型的五大基本法典(民法典、商法典、民事诉讼法典、刑法典和刑事诉讼法典)之中。

第三章　革命对大陆法系的影响

15 前章已经讲到，大陆法系五个主要的亚传统的前三个是罗马私法、教会法和商法。它们是现今大陆法系国家中五大基本法典的主要历史渊源。读者可能已经注意到，许多公法，尤其是宪法和行政法，不在其列。究其原因，在于当代大陆法系国家的公法大部分是 1776 年开始的西方世界革命的产物。这场影响了西方多数国家的革命运动，包括美国革命、法国革命、意大利的统一运动、拉丁美洲国家争取自由的一系列独立战争、俾斯麦领导下的德国统一运动，以及被土耳其统治了数个世纪的希腊解放等重大事件。

但是，这些事件本身却是一场更具有根本性的思想革命的产物。人们长期以来形成的对于政府和个人的思想模式终于被改变，而代之以新型的关于人、社会、经济和国家的思想方式。甚至在西方那些没有发生暴力革命的地区（如英国），这些新的思想也逐渐开始流行。正是从这场思想革命中，我们找到了大陆法系公法的主要历史渊源。虽然通过认真的历史考察，我们无疑会发现，若干当代的政府制度可溯源到革命前就已存在的法制思想和规范，但事实表明，欧洲公法的指导思想以及表现这种思想的概念和制度起源于近代，而并非根植于罗马或中世纪的欧洲历史中。

然而，革命的影响并不限于公法，它对渊源于罗马法和共同

法的那五大基本法典的形式、适用方法以及（在较小的程度上）对法典的内容都产生了深刻的影响。这场思想革命产生了新的法 16
律思维方法，这种思维方法对于法律制度的组织与执行，对于实体法和程序法的规则都产生了重大影响。

革命的主要思想驱动力之一，就是后来所谓的世俗"自然法"思想（谓之"世俗"，是因为此种法律并不源于宗教教义、信仰或权威；革命思想是严格地反宗教和反教会的）。它构建于美国《独立宣言》和法国《人权宣言》所体现的特定人性观念的基础之上。依这种观念可推导出：任何人生而平等，人们对于财产、自由以及生命享有自然权利。政府的正当职责是承认和保护这些权利以及确保人们相互间的平等权利，政府应由民选代表执掌，等等。

残存的封建体制是根据土地所有权来赋予相应的社会地位和公职，这显然与自然法的观念相背离。其他类别的贵族也是如此，不过是基于土地所有权之外的考虑，比如司法贵族。在法国大革命之前，司法职位被视同财产，可以买卖和继承。孟德斯鸠（Montesquieu）自己就继承了这样一个职位，任职 10 年之后又转卖于他人。法官本身属于贵族阶级，他们支持土地贵族反对农民、城市工人和中产阶级，反对巴黎的中央集权的政府权力。当法国革命爆发时，贵族统治土崩瓦解，司法贵族也随之不复存在。

这场思想革命的第二个主旨，就是政府权力的分立。许多思想家，尤其是孟德斯鸠在其《论法的精神》一书中，精辟地论述了建立与保持政府权力分立的体制对理性政府的根本重要性，特别是一方面要明确区分立法和行政，另一方面要将司法与立法和行政相隔离。其目的在于防止司法侵入其他领域——立法（lawmaking）和执法，这些领域由立法和行政所保留。而无论是在美国革命之前或之后，美国都不存在对待司法权的这种态度。 17
美国政府部门间的分权制衡制度并不特别强调隔离司法系统，它同大陆法系国家常见的严格的权力分立理论有着不同的思想基础。强调此点并理解为何如此具有重要意义。

法国的司法贵族制度之所以成为革命的目标,不仅是因为它倒向土地贵族统治者,而且也在于它不能明确适用法律与立法之间的界限。正因为存在这些弊端,国王对统一王土、实行相对开明和进步的立法改革所做的努力就屡屡受挫,如法院拒绝适用新法、违背新法宗旨解释新法,或者阻碍政府官员适用新法。孟德斯鸠和其他思想家们所创造的防止这种不法行为的唯一可靠手段是,首先将立法和行政从司法权中分立,然后谨慎地规范司法,保证法院将其自身限定于适用立法机关创制的法律,而不干涉政府官员履行行政管理职责。

相反,英国和美国有着与之不同的司法传统。差异之一就在于,法官常常是一种进步力量,与个人站在一起反对统治者滥用权力。而且,他们在集中政府权力、摧毁封建制度方面起到了重要的作用。英、美不存在对于法官立法和司法干预行政的恐惧。不仅如此,法官塑造普通法发展的权力是一种家喻户晓、颇受欢迎的制度。法院享有训令权(mandamus,迫使官员履行法定职责)和质询权(que warranto,质询政府官员履职行为的合法性),这已被广为接受。因此,与法国革命的情况不同,司法并没有成为美国革命的对象。

革命时代,也是一个理性时代(Age of Reason)。理性主义成为这个时代主导的思想力量。理性主义认为,理性支配着人的活动,而正确运用缜密思想就能扫除一切障碍。潜意识尚未被发现,历史上非理性力量的强大尚未被承认。人们乐观地认为,由无懈可击的基本原则合理地推导出的新法和新体制势必消灭旧法和旧体制。

革命时代对于人权的强调产生了“个人自由”的主张。这些

主张在美国的《独立宣言》和法国的《人权宣言》中都得到了确
认。但是,两者存在一些重要区别。在欧洲和拉丁美洲,封建主 18
义(就该术语通常的、非技术性的含义而言,如许多欧洲和拉丁美洲革命者的用法)残存下来,保留了许多其固有的社会不公,但在北美殖民地,法律制度无疑起源于封建社会,却已经被剥夺了产生经济和社会罪恶的大部分能力,这些罪恶是封建社会的特征。因此,在大陆法系国家,这场思想革命比起美国具有更加强烈的反封建导向。强调个人的财产权以及法律保护所有权的义务,部分是针对封建制度下人身依附的土地租佃制;强调个人处理自身事务权利以及在社会上横向与纵向流动的权利,则是对封建制度把人固定在一个地方并限制为一种身份这一做法的逆转。这场革命,用亨利·梅因爵士的名言来描述,是一种实现"从身份到契约"的嬗变的工具,其结果是对私有财产权和契约自由的过分强调,实际上类似于19世纪英美对个人主义的夸大。但是这种反应在大陆法系国家带有特殊的反封建色彩。

革命也在推崇世俗国家的道路上迈出了一大步。从此,个人现世的效忠将主要地皈依国家,封建义务和封建关系被废除;宗教上的义务丧失了大部分残留的法律意义;教会法院失去了所剩无几的处理世俗事务的审判权;家庭关系现在由法律(也就是国家)来规定和调整;地方政府的自治权被废除;行会和团体的规章制定权亦被剥夺;各自分离的法律传统被归并到单一的国家法律体系之中。之前非常复杂的法律领域顷刻间简单划一:自此以后,从理论上说,法律领域的主题仅限于个人和统一的国家。

民族主义是加强国家权威的另一手段,其目标是建立反映民族精神和统一民族文化的国家法律制度。此种法律制度应当用
一种民族语言来表述,应当体现民族的法律制度和法律思想。共 19
同法的权威(而不是内容)遭到摒弃,大陆法系的共同法则成为了

历史。此后的一切法律都将是国家法,对共同法的改变不仅得到承认,而且被视为民族精神和民族特征的明证。

因此,革命是自然权利、权力分立、理性主义、反封建主义、资产阶级自由主义、国家主义以及民族主义等思想力量的汇合。只要这些思想恰如其分,那么作为理论和观点,它们就该得到足够的尊重。但是,革命期间以及革命以后的一段时间内,它们普遍被过分渲染(而这正是革命运动的特点),可憎的过去被描绘得过于黑暗,革命的目标被理想化了,并想当然地假设这些目标能够实现。改革中出现的问题不是被忽视就是过于简化处理。意识形态的狂热取代了理性;革命的观念演变为教条;革命本身变成了乌托邦。

尤其是在法国,正如十月革命后的苏联那样,乌托邦色彩非常强烈。托克维尔曾经指出:法国革命最后“演变成了一种宗教”,此种演变深刻影响了法国的革命性改革。由于法国革命后的法律制度对其他国家产生了极其重大的影响,大陆法系国家的很多法律制度都带有以法国革命为特征的乌托邦主义以及反对这种乌托邦的双重色彩。强调权力分立,导致了独立的行政法院系统的建立,抑制了立法的司法审查,并将法官在法律活动中的作用限制为相对次要的角色;自然权利的理论既导致了对个人财产和契约权利的过分强调,又导致了对公法和私法的过于严格的划分;国家至上、民族主义和理性主义思想结合在一起,则产生了一种关于什么是法律的特别的大陆法系理论,并决定了基本法典的模式和风格。

第四章 法律渊源

面对建立更有效、更集中的政府制度（近代民族国家）的要 20
求，多中心、极度分散又无效率的中世纪政治领域的结构衰落了。为了实现这种转变及巩固革命成果，需要一种意识形态。民族主义，即国家的意识形态，正好迎合了这种需要。而一旦民族主义成为主流意识形态，主权便是其法律表达的基本前提。

主权概念已经存在了几百年。作为一个法律上的概念，它最早见诸一些欧洲学者的理论中，特别是法国的让·博丹（Jean Bodin）、荷兰的胡果·格老秀斯和英国的托马斯·霍布斯。博丹和霍布斯集中研究对内的主权：国家对安排其与国民之间的关系拥有至高无上的权力，不受任何外部的限制。格老秀斯，常被称为“国际法之父”，则更多地关注国家之间的关系。他关于国际法的著作意图控制殖民主义和建立帝国的扩张行为，并支持要求控制这种行为的主张。

欧洲革命的世俗性质决定了这场运动的另一方面是趋向国家实证主义的。尽管各国革命的形式和程度有所不同，但是，法起源于神的思想——无论是把法直接地表示为“神法”（如以基督教《圣经》为根据的法律），还是间接地通过上帝所创造的人性来表达（如罗马天主教的自然法[1]）——现在都失去了其大部分残

---

[1] 与罗马天主教自然法相对立的是世俗的自然法。——译者注

存的生命力。虽然,在立法过程中对神或许仍然表示了形式上的尊崇(如在美国的《独立宣言》中就有这种反映),但是,革命之后,实践操作的理论已变为“最高立法权属于国家”。罗马天主教的自然法失去了其支配君主的权力。世俗的自然法,虽然给革命提供了主要的理性力量,但并不能控制国家机关的活动。它没有实
21 施的组织,也没有任何制裁的力量。自然法学家和实证法学家之间的长期争论(所有法哲学的学生对此都很熟悉)至此得到根本解决,至少就实用目的而言有利于实证法学家。因此,尽管这场争论仍在继续,但自近代民族国家出现后,这场争论成了纯粹的学术清谈,所有西方国家都奉行实证主义。

近代民族国家的蓬勃兴起,摧毁了欧洲封建时代和近代早期由于普遍接受罗马—教会共同法而形成的法律统一体。共同法在许多人的心目中与神圣罗马帝国的概念相联系,是凌驾于土著部落、社团甚至国家的各种各样规范之上的法律。随着封建主义的衰败,宗教改革运动的兴起以及由此而来的神圣罗马帝国权威的丧失,集权的君主政体开始出现,要求公民对其效忠;中央集权制的国家不仅与中世纪的等级自治、土地自治等通常与封建主义相联系的制度相对立,而且还排斥除国家之外的一切权力。国家发展的趋势是其成为法律的唯一来源,主张其自身拥有对内和对外的主权。于是,国家法律制度开始取代共同法,后者则变成一种从属性或补充性的法律。罗马法本身被引用来为国家的法律自主权进行辩护[罗马法有格言“君主的旨趣就是法律”(guod principi placuit habet Yigorem)],这最终导致支持以国家法律制度来代替共同法。君主的权威取代了共同法的权威。尽管国家颁布的法律中有大部分内容或许还是来自共同法,但其权威则是由国家赋予的。

绝对主权的时代由此开始。国家法律的权威取决于君主的

意志。其他法律渊源，比如共同法或惯例，因君主的意志才得以适用。君主同时也立法，而制定国家法律的过程（通常用本国语言）则以欧洲法律实证主义所设定的理论为基础。立法行为既不为超越于国家的世俗或宗教权威所左右，也不屈从于国家内部的任何限制（诸如地方法或习惯法）。西方国家立法权从中世纪分别由国王、教会、地方领主和市镇议会分割把持，发展演变为最终由集权制民族国家统一掌握。国家主权在法律上有两方面体现： 22
对外一面排斥任何源于外部的法律；对内一面排斥一切源于地方组织或习惯的法律。

我们应注意的是，在革命时代的变革中，欧洲大陆远比英国更为强烈、更为自觉地强调国家实证主义。一个原因当然在于英国革命的温和性、渐进性和演化性。在英国，许多封建主义的形式得到保留，但其实质已经发生变化：旧日教会的外貌仍然残存，但宗教对立法的内容和形式的影响几乎消失殆尽。而最重要的是，英国本土的普通法是沿着一条完全不同于大陆共同法的道路发展起来的，并不被国家主义、民族主义、实证主义和主权理论的利益所排斥。相反，在英国成为民族国家的过程中，普通法是一种积极的力量，作为民族统一和民族精神的象征而得以生机勃勃地传承。大陆革命似乎要求抛弃旧的法律秩序，而英国革命则要求接受，甚至要发扬光大旧秩序。从大陆法系国家和普通法系国家对法典编纂的态度中可以很清楚看出这种差别：旧的共同法必须废除，大陆法系国家自然要编纂新法典；普通法应当保留，英国便认为没有必要编纂新法典。

欧洲大陆对旧秩序的废除，是按照这样的世界观所指引的道路前行的，即世界是由世俗的、实证主义的民族国家恰当地组织而成的。因此，罗马天主教的自然法，如其他源于外部的关于法与正义的理论那样，教会法，则如其他外部的法律规范和制度那样,都不能再作为法律在国家内部发生效力。西方的国际法学派建立在国家的绝对主权之上。也就是说,只有经主权国家同意之后,国际法对它才有拘束力,甚至公认的国际法原则要被认为在国内有效,亦须国家自身来决定;国际组织所制定的法规以及该组织所属成员国应承担的义务,只有在成员国同意受该组织管辖时,才对成员国发生效力;一国的法律只有得到他国的认可后,才
23 能适用于他国;一国法院所作的判决能否由他国法院代为执行,听凭他国的决定。因此,国家实证主义的对外一面是统一的和不可分割的,即没有国家的许可,国家之外的任何力量都不能制定超越国家之上或在国家内部生效的任何法律。

国家实证主义的内在一面同样不可分割。只有国家才享有立法权,因此,国家内部的任何个人或团体都不能创制法律。尽管个人之间可以通过契约来约束双方,团体可以采用有效的规章来调整其成员之间的相互关系,但是他(它)们都没有立法权。这些一般被认为是私人安排,只有在得到国家承认并保护其实施时才具有法律效力。基于同样的理由,法学家们的论著(虽然在大陆法系这些论著远比在普通法系影响更大,我们将在下一章讨论)也不是法律。

因此,正如国家享有对内和对外的绝对主权的信条所表明的那样,国家实证主义导致了国家对立法权的垄断。革命强调严格的权力分立,要求只有经特别授权的国家机关才有立法权。根据这种学说,政府的立法权和司法权本质上有所不同。为了防止权力的滥用,立法权和司法权必须严格地加以区分。立法权被定义为制定法律的权力,因此只有立法机关才能创制法律。作为唯一由直接选举产生的代议制政府部门,只有立法机关能反映人民的意志。这个原则给大陆法系法官带来的某些影响将在下一章讨论,这里我们需要论及的仅是众所周知的普通法原则——“遵循

先例”(stare decisis)原则(法院有权也有义务依据之前的判例来判决),明显与大陆法系国家所表述的权力分立原则相抵触,因而被大陆法系传统所抛弃,司法判例不是法律。

那么,什么是法律呢？基本的答案只有一个:只有立法机关所制定的成文法才是法律。这种观点是立法实证主义的精髓所在。理论上,立法机关可就任何事项进行立法。然而,实际上存在限制,最重要的限制是仍然在大学里教授的并被尊崇为“成文理性”的罗马法的概念、范畴和原则。革命之前,立法不能取代罗 24
马法,正如立法不能取代几何或数学一样。但随着立法力量的增强,罗马法的权威逐渐衰微,到了 19 世纪,立法成了法律的同义词。立法机关可以将某些权力授予行政机关,也可以赋予行政机关发布有法律效力的法规的权力,但是这种“授权立法”只有在立法机关的授权范围内才具有法律效力。立法权是至高无上的。

除了成文法(包括行政机关根据被授予的立法权所颁布的法律)和行政法规外,大陆法系国家还普遍承认第三种法律渊源,即习惯。当人们依照被推定为法律的习惯从事某种行为时,只要不存在相反的可适用的法律或法规,许多大陆法系国家就承认其具有合法性。大陆法系国家关于习惯的法律意义的论著可谓汗牛充栋,远远超出了习惯本身作为法的实际重要性。产生这么多论著的主要原因(除了习惯在大陆法系早期历史中作为法律渊源的重要性之外),在于需要证明这些看似法律但又不是由立法机关所创制的法的合理性。赋予习惯以法律效力,似乎违背了国家实证主义(只有国家才能立法)以及严格分权理论(国家内部只有立法机关才能立法)的信条,于是学者们发展出了极为复杂的理论来解释这种表面上的对立。与此同时,习惯作为法律渊源的重要性实际上却微不足道,并日渐衰减。

上述讨论表明,大陆法系国家公认的法律渊源理论仅承认法律、法规和习惯为法律渊源,这种列举是排他性的,并按照权威性递减的顺序排列。法律优先于与之相反的法规;法律和法规的效力又优于与之相抵触的习惯。或许这看起来是纯技术问题,而且其重要性也很可疑,但在事实上它是我们理解大陆法系的基础。因为国家实证主义和分权理论要求大陆法系的法官只能在其严格的审判权限内解释和适用这些“法律”,法官判决案件时只能诉
25 诸法律。它们的理论上的假设是:无论法官遇到什么案件,他们都能发现某种形式的法律来适用,无论这些规定是来自法律、法规,还是具有法律意义的习惯。法官在审判案件时不得把法学家的论著或先前的司法判例作为法律加以引用。

这种关于什么是法律的教条概念,如同在革命时代所产生的其他许多教条一样,为时间和历史事件所冲淡。或许最引人注目的革新便是强大的宪政主义运动,它强调成文宪法效力的不可变更性,并因而强调宪法作为法律渊源的最高地位。这种宪法通过排除立法机关以一般立法活动修改宪法的权力,减少了立法机关对立法权的垄断。这就在过去的法律渊源序列中嵌入了新的成分,现在的法律渊源权威应是这个顺序:“宪法、法律、法规和习惯。”此外,如果法院可以因为一项法律与宪法相抵触而宣布其无效,那么,也就削弱了权力分立原则。这种对立法活动的合宪性进行司法审查的权力在墨西哥及大多数拉美国家长期存在,虽然此种审查权的行使较有节制。“二战”之后,大陆法系各国几乎都出现了这种或那种形式的司法审查制度。

另一个复杂的问题是,某些大陆法系国家在宪法中规定了公民的创制权和公决权。这意味着一定的立法权力已由立法机关转移到人民手中,进一步削弱了立法机关作为法律唯一来源的地位。国际组织和超国家组织的发展以及欧洲和拉丁美洲国家把某些主权转移给这种组织的倾向,进一步冲淡了传统的法律渊源

理论。在本书第六章“法官”中，我们将描述这种法律渊源的理论如何被大陆法系法官的行为以多种方式所颠覆。

法学家们已经注意到这些以及其他的现代动向，虽然他们仍常常坚持传统的理论观点，但对普遍流行的法源理论并不持顽固抵制的态度。对于法国和阿根廷一般的法官、律师或法律学生而言，传统的法律渊源理论仍被视为基本真理，是其意识形态的一部分。

然而，普通法系则是另一种境况。普通法系国家由于很少受法国革命的特殊历史和理性主义思想的影响，因而流行着一套与
大陆法系完全不同的法律渊源理论。英国普通法是成文法、司法 26
判例和习惯缺乏系统性的混合体，它们被看作是法律的主要渊源。这种现象在历史上源远流长，它不是某个历史阶段中企图自觉创制或重述法律的革命性思想的产物。普通法系没有系统性的分层的法律渊源理论：立法机关创制的法固然是法律，但是其他东西（包括判例）也是法律。在正式条文中，普通法系法律渊源的相对权威性大致是这样的顺序：成文法、法规、司法判例。但在实践中这种公式化的序列往往被打乱，也没有多大的重要性。与大陆法系法学家相比，普通法系的同行们对这些问题的态度则显得比较随意。大陆法系的这种态度导致法国在几年之内便采用了计量上的公制、十进制货币、法典以及严谨的法律渊源理论，但至今仍基本上为普通法系国家所不取。

第五章　法典与法典编纂

27　常听到一些对法律一知半解的人说，大陆法制度是法典化的成文法制度，而普通法是非法典化的，且主要以司法判例为基础。本章旨在说明这种观点在多大程度上过分简化且歪曲事实，同时又在多大程度上表明了两大法系之间的一系列重要的基本差异。

立法机关制定的法律和司法机关作出的判例之间的区别，可能具有误导作用。美国一个典型的州所具有的生效的制定法，很可能不少于一个典型的欧洲或拉丁美洲国家。如同大陆法系国家一样，生效的制定法在美国同样是法律法官理当根据立法精神加以解释和适用的。而且，美国立法的权威高于司法判例，并可取代相抵触的司法判例（宪法性问题除外），但反之则不能。所以，制定法数量的多少以及权威的大小，不是区分大陆法系和普通法系的有用标准。

有无法典存在，也不是区分两大法系的依据。加利福尼亚州的法典比许多大陆法系国家的法典还多，但加州并不属于大陆法系。大陆法系的绝大多数国家固然有法典，但是在多数普通法系国家中，系统化的法典也充斥于各个法律部门。表面观之，这些法典与欧洲或拉丁美洲国家的法典并无差异。相反，大陆法系国家也不一定都有法典。匈牙利和希腊早在民法典颁布前就属于大陆法系，匈牙利直到成为社会主义国家以后才有了民法典，希腊首次颁布民法典则是第二次世界大战以后的事情。南非的法律制度是基于罗马—荷兰法，但迄今尚无法典，而且在南非的司法意见中仍见得到对查士丁尼的《学说汇纂》的引用。因此，法典形式并不是清楚地分辨大陆法系与普通法系的标志。

然而，如果人们不把法典编纂当作一种形式，而看成是对某 28
种意识形态的表达，并试图理解这种意识形态，从而弄清它为什么要通过法典形式表示出来，那么人们就能了解比较法上讨论法典的意义了。确实，在美国加利福尼亚以及其他一些州有许多所谓的法典，并且《统一商法典》(Uniform Commercial Code)被美国大多数州所采用。然而，虽然这些法典似乎类似于大陆法系的法典，但其潜在的意识形态——法典的概念及其在法律活动中的作用——是不相同的。大陆法系进行法典编纂有着全然不同的意识形态。

这让我们想起了查士丁尼。查氏颁布《国法大全》的目的，是试图废除先前所有的法律。但是，《国法大全》本身仍吸收了先前法律秩序中的某些要素，因此，法典颁布之后，这些因素得到了保留。同样，当法国将它们的法律编纂成法典时，也废止了新法适用范围内的所有旧法。但是，融入了新法典的任何旧法原则，其效力不是因为它们过去的存在，而在于它们以法典的形式被纳入和重新制定。查士丁尼和法国法典编纂者破坏旧法出于不同但类似的理由：前者是要重建早期纯正的法律制度；后者在于创立一个全新的法律秩序。但是，无论查士丁尼还是法国法典编纂者，这样的目标实质上都是一种空想。这里，我们对法国编纂者的这种空想作进一步的考察。

法国法典编纂的意识形态，虽然较之革命刚结束的时期已有所缓和，但也准确反映了法国革命的意识形态。例如，废除所有旧法并限制它们对新法影响的原因之一，就是国家主义——尊崇民族国家。一切在该国建立之前形成的法律以及源于国外的法律(如源于欧洲共同法),都有损于国家主义理想。当时的民族主义兴起也是一个重要因素。法兰西革命前的许多法律都源于欧洲共同法,而不是源于法国。因而,这与兴起的民族主义精神截然相悖。同时,地方习惯(特别是法国北部的习惯法)现在因其表现为本土的事物,而被认为应当加以维护和发扬。推动国家集权
29 的运动,使各地不同法制和法规的统一日益重要。"全体法国人应当适用一个法律"的世俗自然法思想,指向的是同一个方向。

这个时期狂热的理性主义也对法国的法典编纂产生了重要影响。只有夸张的理性主义才能解释可以通过废除制定法来消灭历史的信念。这样的态度也暗示了这样的假设:可以创造出全新的法律制度来取代旧制度,且只需要吸收先前整体上不合理的法律制度中的某些合理成分。这种假说认为,从自然法学派思想家所建立的基本前提进行推理,人们就能推导出一种可满足新社会和新政府之需要的法律制度。同时,这个时代的法学家都普遍受过先前时代的训练,他们在旧法中发现了可用的概念、制度以及程序。法国法典的起草者们把大量的旧法律制度和法律思想都融进了新法典中。正是这样,先前法律文化保留了一定的连续性,从而冲淡了法国革命的法律后果,但并没有完全避免。在《拿破仑法典》(1804 年《法国民法典》)颁布后的几十年间,法国仍有一批法学家顽固地坚持这种虚幻:解释与适用该法典与历史不相干。当时法国的一名法学家常被引用的一句话形象地说明了这一点:"我对民法一无所知,我只知道《拿破仑法典》。"

恰如在许多空想领域中一样,革命的目标之一是使法律专家丧失其作用。法律制度追求的是简单、非技术性和通俗易懂,如此一来,便可以避免让法律专家备受指责的专业化、技术化、复杂化等问题。实现这个目标的方法之一,就是用清楚明确、直截了

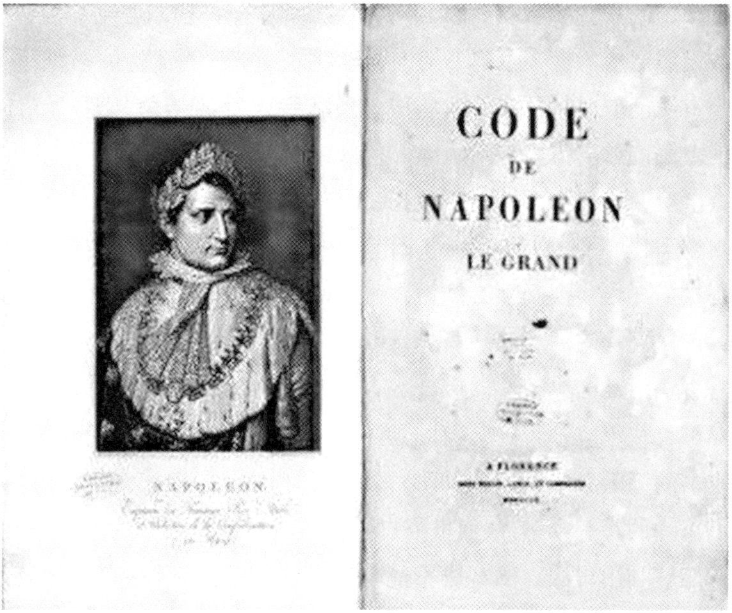

《拿破仑法典》

《拿破仑法典》又称《法国民法典》，制定于1804年。在编纂体例上遵循古代罗马“法典”的传统，法典的结构首先也分为“编”，“编”下设“章”；每一“章”对一个专门问题进行规定；同时，在结构上法典也以罗马法的《法学阶梯》为范本，由一篇序言和三编正文组成，第一编是人法，第二编是财产法，第三编是取得财产所有权的各种方法。《拿破仑法典》是法国资产阶级大革命的重要成果，给资本主义世界各国的民法制定提供了范本，是近代民法史皇冠上的一颗明珠，被誉为公民权利的宝典，社会生活的《圣经》。拿破仑本人也曾自豪地说：“我的光荣不在于打胜了四十个战役，滑铁卢会摧毁这么多的胜利……但是不会被任何东西摧毁的，会永远存在的，是我的民法典。”

当的方式表述法律,以使普通公民无须求教律师和法院就能读懂法律,知悉他们的权利和义务。因此,1804 年的《拿破仑法典》曾被设想会成为摆在家庭书架上《圣经》之侧的广为流传的书籍,甚至有可能取代《圣经》。它将成为公民手册,条理清楚,语言通俗,使公民能够自行确定其法律权利和义务。

30 对“法官执掌政府”的忧虑笼罩着法国革命后的改革,并在法典编纂程序上留下烙印。强调国家权力的彻底分立,所有立法权都被委托给代议制立法机关,以此确保否定法院享有立法权。革命前法国法院的经验,使法国对法官在解释法律的幌子下进行法官立法活动产生警惕。因此,有些法学作者认为,甚至法官的法律解释权也应被否定(这种态度的历史发展及其后来的缓和将在本书的第七章中论述)。但是,与此同时,法官总要审理提交给他们审理的每一个案件,而世俗自然法的前提又要求每一个法国人都能够利用司法。法官决不能享有司法管辖的选择权和自由裁量权。

然而,如果仅由立法机关进行立法,而法院仅能适用法律(或者,后来则为解释和适用法律),那么立法就必须完整、一致且清晰。当法官裁断案件而没有相应的立法条文时,他实质上是在创制法律,这就会有损分权原则:因此,势必要求立法机关制定的法律没有缺漏。同样,如果法典中的条文互相矛盾,需要法官选择对案件事实更为适用的规定,那么这样做又形成了法官造法:因此,绝不能存在冲突的条文。最后,如果允许法官对模棱两可或者含混不清的法律条款进行解释,那就无异于承认法官立法:因此,法典必须清晰无误。

立法权和司法权的严格区分,要求法典必须完整、一致和清晰。如果坚持这一点,那么,乐观理性主义的主流精神就能说服相信它的人:制定具备以上特性的系统性法典并非不能。有了这样的法典，法官的作用便仅限于根据案情，选择可适用的法典规定，并阐明其确切的含义。实际上，《拿破仑法典》并不是这类法典编纂最突出的例子。这种不太光彩的荣誉落在1794年腓特烈大帝颁布[1]的《普鲁士民法典》[2]头上。这部法典包含了大约17,000条详尽的条文，对调整各种特殊的“事实状态”都作了明确规定。《拿破仑法典》出自经验丰富、学识渊博的法学家之手，他们了解普鲁士人完全沉湎于这种法典编纂而导致惨重失败的教训。确实，如果读一读《拿破仑法典》最有影响的编纂者之一波塔利斯所作的评论，我们就会发现始终存在一种力图避免极端理性主义意识形态的现实考量。波塔利斯告诉我们，这部法典建立在许多革命前的法律和法学思想之上。他还认为，这部法典的规定正是“fecónds en Cons' eguences”[3]这一原则或格言的最好体现，法学家和法官们运用并发展了它。

但是，这种职业的现实主义很快便被革命的雄辩和泛滥的理性主义轻易地吞没。法典成了革命意识形态的牺牲品，在法国以及深受法国大革命影响的其他国家或地区，法典均被一致视作法国革命思想的自觉表现。 31

同《拿破仑法典》本质上的革命性、理性主义以及非技术性等特征相比较，1896年的《德国民法典》（生效于1900年）则是具有历史导向性、科学性和专业性的法典。德、法民法典之间的差异的褒贬大部分都落在了大陆法系历史上最著名的法学家之一——弗里德里希·卡尔·冯·萨维尼（Friedrich Karl Von Savigny）的头上。

[1] 原著中所说有误。腓特烈大帝死于1786年，此法典由威廉二世颁布。——译者注

[2] 《普鲁士民法典》又译为《普鲁士邦法》。——译者注

[3] 直译为“多种原因产生的结果”。——译者注

弗里德里希·卡尔·冯·萨维尼(1779年2月21日—1861年10月25日),德国最伟大的法学家之一,历史法学派的代表人物。萨维尼对德国的法典化进程产生了巨大的影响,他在《论立法和法学的当代使命》以及其后的《中世纪罗马法史》和《现代罗马法体系》等中提出"法律是民族精神的体现"的核心主张,德国当时对现有法律资料的研究尚不足以有能力制定一部成功的民法典,他的观点被官方所接受,将《德国民法典》的制定推迟了数十年。

19 世纪初叶,法典编纂的思想在德国和欧洲的其他一些国家以及拉丁美洲引起了浓厚的兴趣,《拿破仑法典》受到普遍推崇并被广泛复制。在这一过程中,德国也有人提出应该仿照法国的模式编纂德国的法典。受到康德、黑格尔和德国浪漫主义影响的萨维尼及其追随者用具有充分说服力的理论驳斥了这一主张,在德国产生了重大影响。萨维尼思想的支持者后来被称为"历史法学派"(the historical school)。这些学者认为,由世俗自然法原则的推论来创制德国法典的做法是错误的。根据他们的观点,一个民族的法律,是这个民族发展的历史所决定的有机产物,是民族精神的表现。因此,对现存德国法及其历史发展作彻底的研究,是编纂适当的德国法典的必要前奏。由于数世纪以前中世纪意大利法学家所解释的罗马私法已为德国正式接受,因此要对德国法律作彻底的历史研究,就应包括对罗马私法、旧日耳曼法以及当代德国法律制度中较为晚近的成分作历史的考察。在萨维尼和历史法学派的影响下,许多德国学者都把他们的精力转向对法律史的深入研究。

萨维尼认为,通过对德国法律制度历史来龙去脉的考察,法 32
学家可以从中提取一系列经历史证实了的基本原则。然后,对这些原则的基本特征逐一进行研究,考察它们之间的相互关系,最后再系统地加以综述。这样,就可以得到根据其固有的原则和特征重建的德国法律制度,进而可以为德国的法典编纂提供必要的基础。

萨维尼的某些后继者认为,德国法律制度的各组成部分,在其历史环境下,可以视为自然材料,正如可以对生物、化学或物理的自然材料进行研究,以确定它们具体表现的一般原则一样,德国法的材料也可以进行研究,以便从德国法律制度的具体表现中,辨别并提取德国法的固有原则。因此,计划中的德国法律制度的重建,将是科学化的重建(这个问题在本书第十章中有较为详尽的论述)。最后,德国人深信,抛弃法学家的做法既不应该,也不可能。而那种认为法律应该清楚而直接地表达出来,以便使普通读者能够正确理解和运用的主张,在德国也遭到了明确的反对。德国人的观点是:法学家的存在很有必要,他们可以解释和适用法律,而他们编纂的法典也能回应受过法律训练的人的需要。

所以,1896 年的《德国民法典》是法国式革命思想的对立物。其目的不在于消灭旧法而代之以新的法律制度;相反,其思想是对那些从德国法律制度的详尽历史研究中所得出的德国法原则加以编纂。法国人在世俗自然法的影响下,试图通过对人性的推

《德国民法典》

《德国民法典》制定于1900年，是继《法国民法典》之后，大陆法系国家第二部重要的民法典。它主要是以德国的潘德克顿法学为基础的，在编制、结构、概念、语言，深深打上了潘德克顿法学的烙印，而潘德克顿法学派主要以《国法大全》中的《学说汇纂》为研究对象。因此，德国法学家海恩茨·体布纳说得很好："从根本上说，这次法典编纂工作（指德国民法典的制定）是沿袭（6世纪时）罗马法《学说汇纂》的产物，同时带来了《学说汇纂》的优点和缺点……"与《法国民法典》的三编制不同，德国在法典的编纂体例上采用了五编制，分别是总则、债权法、物权法、家族法、继承法。与《法国民法典》相比，《德国民法典》在内容上更加充实，立法技术上也更加精湛，对世界上很多国家产生了巨大影响，并成为和《法国民法典》并肩而立的重要大陆法系分支。

定去发现真正的法律原则；而德国人则与之不同，他们努力通过对德国法材料的科学研究来寻找德国法的基本原则。也就是说，现存的德国法律制度来自历史的内容。《德国民法典》并没有被看成是一般民众的教科书，而主要是由法律职业者使用的一个工具。

这样说是否意味着德、法两国民法典完全不同呢？并非如此。它们之间固然存在重要的差异，但也保留有一些最主要的相同之处。与法国人一样，德国人也把严格的分权原则吸收进他们 33
的法律制度和政府制度中，规定立法只能由立法者进行，法官不能立法。虽然，德国人更深刻地认识到，制定一个完整、连贯和清晰的法典并非易事，但他们仍坚定地为实现这一目标而努力，这种努力的理由也与激励法国人的理由一样。此外，德国法典也服务于统一的功能，为新近统一的国家提供了单一的法律体系。并且如同法国法典一样，由此为单一的民族国家的兴起发挥了推动作用。

《加利福尼亚民法典》或者为美国一些州所采用的《统一商法典》有着完全不同的思想和理论体系。虽然这些法典看起来同法国或德国的法典非常相似，但是它们的意识形态基础不同，没有任何共同的文化现实。在普通法系国家适用法典的地区，人们无须对法典作完美无缺的矫饰，也不强求法官在法典内寻找判案的根据。而且，通常这些法典都不否定过去的法规，它们并不是要废止在同一调整范围内的一切旧法，而是完善并补充旧法（与这些法典的现时的特殊目的相抵触的除外）。当某个法典或其他制定法的某些规定可能同普通法的固有原则发生冲突时，一般是对这些规定按普通法原则加以解释来避免冲突。一句著名的司法格言是："对于有损于普通法的制定法条文应从严解释。"

于是，普通法系的保守倾向与大陆法系法典编纂精神中所体现的革命意识形态形成了鲜明对照。正是这种意识形态,而不是法典编纂的形式,将大陆法系国家以共同的法律传统联系在一起。如同注释法学派的著作连同《国法大全》一起被欧洲继受一样,18 世纪和 19 世纪欧洲法学家的思想和欧洲的法典编纂形式,也为拉丁美洲、亚洲和非洲的大陆法系国家所普遍采用。如下面的章节所示,这些著作及其体现的意识形态,对于了解大陆法系至关重要。下一章将从描述大陆法系国家法官的形象开始。

第六章　法　官

生活在普通法系国家中的人们，熟知法官是什么样的人。他 34
们是文化上的英雄，甚至有着父亲般的慈严。普通法系国家中许多伟大的名字属于法官：科克（Coke）、曼斯菲尔德（Mansfield）、马歇尔（Marshall）、斯托里（Story）、霍姆斯（Holmes）、布兰代斯（Brandeis）、卡多佐（Cardozo）。普通法系的最初创建、形成和发展，正是出自他们的贡献。他们逐案严密地进行推论，建立了一套法律体系，通过“遵循先例”的原则，约束其后的法官依据相同的判例审理类似的案件。虽然我们承认立法的作用，而且也有大量有效的立法存在，但是，对我们来说，普通法意味着由法官创造与塑造法律。并且，我们一直认为（常常相当不准确）立法仅起到一种辅助的作用。普通法系国家都有对行政行为进行司法审查的惯例。而且，在美国，接受法官拥有认定违宪的立法无效的权力也没多大问题。我们知道，我们的法官享有广泛的法律解释权，甚至适用的法律或行政法规仍具有法律效力时，法官也可对它作出解释。我们不喜欢使用“司法至上”之类的夸张表述，但是，当迫不得已时，我们也承认它是对普通法系一种适当的描绘，特别是对美国。

我们也同样知道法官来自哪里。我们知道，他们都曾就读于法学院，然后在私人执业中或是在官方机构任职中（通常作为地方检察官）有成功的经历。他们基于多种因素被任命或被推举为法官,包括执业中的成功、在律师同行中的声望以及政治影响等。被任命或被推举为法官,常被看成是一生中姗姗来迟的辉煌成就,这是一种带来尊敬与威望的认可形式。法官的薪俸优厚,如果在高等级法院任职,还会配有秘书和研究助手。如果出任州最高法院法官或在联邦法院系统身居高位,那么他的名字更会是家
35 喻户晓。他的观点将引起媒体的关注,并受到法律杂志的分析和评论。总之,他们是举足轻重的人物。

这就是普通法系国家法律职业界关于法官形象的认识。但大陆法系国家中,法官的情况与之完全不同。大陆法系的法官属于公务员,文官,虽然各国有重要差异,但基本模式不过如此:谋取司法职位是一个大陆法系的大学法学院毕业生可能选择的职业之一。如果希望从事司法工作,在毕业后不久参加国家司法考试,通过后就会被任命为初级法官(在法国以及其他若干国家,他还必须先就读法官培训学校)。毋须太长时日,便可正式成为基层法院的法官。在此之后,他在司法阶梯中的升迁快慢将取决于他在工作中所显示的能力以及资历,他的薪俸的提高则依据既定的标准。同时,他还将加入一个旨在提高职业薪俸、改善工作条件、保证职业稳定的法官组织。

通过其他途径进入司法界的情况罕见。虽然,一些大陆法系国家规定,可以从著名的律师或教授中任命高级法院(特别是“二战”之后建立的宪法法院)的法官。但是,绝大多数司法职位(甚至最高法院的司法职位)仍然被职业司法系统内部的人占据。高级法院的法官受到、也应该受到社会的尊敬,然而,这种尊敬与在其他文官系统中的高级官员所获得的尊敬并无二致。

大陆法系法官的地位与普通法系法官的地位有如此大的差别,主要原因之一在于大陆法系有着独特的司法传统,始于古罗马时代。罗马的法官(iudex)在法律上并不是重要人物。帝政时

期以前，他们仅是执行仲裁职能的法律“门外汉”，根据执政官(praetor)所提供的程式主持解决争端。法官并不谙熟法律，权力也很受限制。为了征求法律意见，他们转向法学家求教。到了帝政时期，判决争讼的权力越来越多地落在执政官手中。执政官也懂法律，但他们这时的主要作用在于执行皇帝的意旨。这一时期法官没有固有的立法权。中世纪及革命前的时代，法官受到的限 36
制较少，当时大陆的法官的行为常常类似于他们的英国同行，而事实上这正是问题所在：他们创造性地解释法律，创建一种普通法来与巴黎中央政府的法律对抗，甚至发展出他们自己的“遵循先例”的原则。

伴随着革命以及革命所尊崇的严格分权原则的普及，司法的权力受到了重大限制。革命者坚持主张，法律只能由代议制的立法机关制定，这就意味着法官不能直接或间接地创制法律。这种主张的表现之一，就是要求法官只能运用法律判案，而不能依据先前的司法判决(关于这一点，我们在本书第四章已经论及)作出裁判，“遵循先例”的原则被拒绝运用。立法权同司法权严格分立的原则的一种极端表现是，不允许法官对立法中有缺陷、互相冲突或者不明确的地方进行解释。他们永远都只能将这些问题提交立法者作权威性的解释。同时，人们指望不会有很多这类问题，并且在不长的时间内就可以全部得到解决，此后就不必再求助于立法者的解释了(这种认识的变化在下一章中将作论述)。

大陆法系审判过程所呈现的情形是一种相当机械的行为。法官成了一种专业书记官，除了很特殊的案件外，向法官呈上争讼事实，他就能轻而易举地找到现成的立法答案。法官的作用仅仅在于找到这个正确的法律条款，将条款与事实相匹配，解决办法会从这种结合中自动产生，法官赋予其法律意义。于是，整个审判过程被框于学究式的形式逻辑的三段论式之中。即成文法规是大前提,案件事实是小前提,案件的判决则是推论出的必然结果。在需要法官做一些更为复杂的智力工作的特殊的案件中,则要求他小心翼翼地遵循已经确定的法律解释的限制。

法官的形象就是立法者所设计和建造的机械的操作者,司法职能是机械性的。大陆法系国家历史上的伟大人物并不出自法官(有谁知道大陆法系法官的名字呢?),而是那些立法者,如查士
37 丁尼、拿破仑、安德烈斯·贝略(Andres Bello),还有法学家,如盖尤斯(Gaius)、巴尔多鲁(Bartolus)、伊纳留(Irnerius)、曼西尼(Mancini)、多莫特(Domat)、波蒂埃(Pothier)、萨维尼以及一大批19世纪至20世纪欧洲和拉丁美洲的法学家。大陆法系的法官不是那种文化上的英雄,也没有父亲般的尊严,常常就和我们普通人一样。他的形象是一个执行重要的而本质上非创造性的任务的文职官员。

大陆法系法官不为人们所广泛知晓,甚至在法律职业界中也默默无闻,这如果不是必然的,也是他们身份低微的合乎逻辑的结果。人们不研读法官的审判意见以探究他们独特的思维方法、所持的偏见和所具有的癖好。虽然有例外的情形,但大陆法系高级法院的判决的性质具有强烈的合议制倾向。判决是作为法庭的判决而宣告的,无须列明法官们赞成或反对的票数。在多数大陆法系国家中,单独的并存意见[1](separate concurring opinions)和反对意见都不作记载或公布,也不记载反对票数。这种倾向是把法庭视为一个匿名的整体。(我们在后文中将会看到相关问题近期的变化。)

其结果是:两大法系法官的作用虽在表面上相似,但他们为

---

〔1〕 并存意见是指一个或多个法官赞同判决,但对判决有不同的或补充的理由。——译者注

社会所公认的角色却存在重大差异。这部分是因为现代大陆法系国家的法官的地位和行使的职责，是承继了可追溯到罗马时代的传统。在这种传统中，法官从不被当作一个非常具有创造性的角色，欧洲革命中那种反司法的意识形态以及严格分权的理性主义学说的逻辑后果，又强化了这种传统。因此，大陆法系国家法官发挥的作用较之普通法系的法官大为逊色，与之相应的法官选任和任期制度也反映了大陆法系法官职业迥然不同的地位。

一些大陆法系国家制定了刚性宪法，建立了立法合宪性的司法审查制度，在一定程度上改变了传统的大陆法系法官的形象。部分国家（如奥地利、意大利、德国、哥伦比亚、危地马拉和西班牙）还建立了特别的宪法法院。这种特别法院不是普通司法系统的一部分，也不由一般的司法人员运作，它的建立是为了应对大陆法系法官不能被授予违宪审查之权的传统（大陆法系的普通法官实际上是罗马法时代法官和共同法时代市民法官的现代继承者）。这些新建立的特别法院由特别遴选的法官运作，因此至少 38
在形式上遵循了大陆法系的传统。实际上，有少数纯正的大陆法系法学家认为，把这种宪法法院称为“法院”以及称这种法院的成员为“法官”是错误的。因为法官不能立法，而由推理可得，宣布成文法违反宪法的权力是一种立法的形式。所以这些公务员不可能是法官，这些机构也不可能是法院。不过，即使在那些最高普通法院掌握司法审查权的国家（如拉丁美洲的一些国家），传统的大陆法系的法官形象仍大体保留。总之，大陆法系的司法工作是一个官僚的职业；法官是文官、公务员；司法的职能狭窄、机械而又缺乏创造性。

然而，大陆法系法官的传统形象显然正在褪色，趋势是增加司法的范围和权力。在一些大陆法系国家，如果一名普通的审判法官认为某部法律违反了宪法，他可拒绝适用该法律。在其他国家,法官必须将此事提交宪法法院。新的超国家法院的法官可审查国家行政人员、立法机构和法官的行为,例如欧洲法院、欧洲人权法院和美洲人权法院。一些宪法法院,如德国、西班牙或哥伦比亚的法院以及哥斯达黎加的宪法法院,具有与美国最高法院相当的权力和国家威望。在西班牙、意大利和哥伦比亚以及其他国家,学者和媒体谈论着主要的司法人物。这一趋势将在本书的最后几章中进行分析。

第七章 法律解释

我们在前几章里讨论了当分权理论走向极端时，会导致否定 39
法院有任何解释法律的功能，要求法院把有关法律解释的问题都提交给立法机关加以解决，由立法机关提供权威性的解释，用以指示引导法官。通过这种方法，矫正法律缺陷，杜绝法官造法，防止司法专断对国家安全造成威胁。对大陆法系的教条者而言，立法者所作的权威性解释是唯一可被允许的解释。

在近代主要国家的历史中，我们所能看到最接近于这种理想状态的，就是18世纪末腓特烈大帝制定作为普鲁士法官判案依据之详备法典的企图。在腓特烈大帝的主持下，普鲁士通过了一个超过17,000条的法典——《普鲁士民法典》（相比之下，《拿破仑法典》却仅有2281条）。《普鲁士民法典》试图对各种具体的、详细的事实情况列出各种具体的、详细的解决办法。其最终目的在于有效地为法官提供一个完整的办案依据，以便法官在审理任何案件时都能得心应手地引律据典，同时又禁止法官对法典作任何解释。遇有疑难案件时，法官必须将解释和适用法律的问题提交给一个专为此目的而设立的“法规委员会”（Statutes Commission）。如果法官对法律作出解释，便是对腓特烈的极大冒犯，并将招致严厉的惩罚。德国法制史学家们告诉我们，“法规委员会”从未起到腓特烈所期望的作用；尽管《普鲁士民法典》的规定极为详细，也未能为一切案件设定明确的答案。所以，法官在日常工作中就不得不对法典的规定进行解释。腓特烈的法典、"法规委员会"以及他对法官释法的禁止,均以失败告终。

在时间上和逻辑上,接下来便是法国"上诉"制(cassation)(此语源出于"casser",意为"废除"或"撤销")的发展。革命时代的法国,对法律从业者而言,完全依赖权威性解释所造成的弊端
40 和不便已显而易见。他们知道,立法机关将会发现它已经被那些常常看起来琐碎、实则困难的法律解释要求所淹没,而满足这些要求又不胜其烦。立法机关因此在理论上进退维谷:他们既希望避免应对从各个法院持续涌来的法律解释的要求,又不愿意放任法院自行解释而破坏分权原则。

在此情形下,选择上诉制度就是完全可以理解的了。立法机关设立一个新的政府机构,并授予它废止法院所作的错误解释的权力。在立法机关的讨论及最后颁布的有关法律中,都明确该新机构不属于司法系统的一部分,而是立法机关为保护立法权至上、不受司法机关侵蚀而置备的一个特殊工具。虽然,从外观和行动上看,该机构非常类似于普通法院,但是立法机关称之为"上诉法庭"(the Tribunal of Cassation)而不是"法院"(Court),并将之描述为"类似立法机构的组织"(auprès du corps legislatif),借此保留与普通法院表面上的区别。这样,既满足了分权原则的要求,也捍卫了立法权至上;既杜绝法官解释法律,也不必让立法机关来从事这项工作。

应当注意的是,上诉法庭并不能对它本身所审理的案件中涉及的法律问题作出权威性的解释,相反,与其独立、非司法的性质相联系,它最初的任务仅在于撤销基于对法律的错误解释所作出的司法判决,然后将案件发回原审法院重新审理。审理案件毕竟是司法机关的职责。美国上诉法院典型的诉讼行为则与此不同。它不仅可以撤销下级法院对法律问题所作的错误判决;还可以对

下级法院错误决定的法律问题作出正确的回答，并且，合适的话，将该结果运用于上诉案件，作出新的判决。而创建法国上诉法庭，仅仅是为了履行其中的第一种作用。但是，经过一个逐步的然而显然不可避免的演化过程，上诉法庭又产生了第二种作用。也就是说，它不仅可以指出司法判决是错误的，还可以对法律作出正确的解释。与此同时，上诉法庭非司法性的起源也逐渐淡出视线，它逐渐被人们称为上诉法院（the Court of Cassation）；通过 41
司法化，它成为了普通法院系统中具有最高地位的法院。在法国、意大利以及其他仿效法国司法系统的国家，这种法院的全称大多是"最高上诉法院"（Supreme Court of Cassation）。因此，司法系统中最高民事和刑事法院——由法官充任，其基本职责是保证下级民事和刑事法院正确、统一地解释和适用法律——其实是当初为了防止法律解释权落入法官之手而创建的立法性法庭[1]的"直系后裔"。

德国的"复审制"（revision）制度表明大陆法系的这种机构演变出了上述美国上诉法院的第三种作用，以此区别于法国的上诉制。法国的上诉制止于第二步，即最高上诉法院可以撤销根据错误的法律解释作出的判决，并可向下级法院指明正确的解释。但是，案件还必须发还下级法院重新审理判决。这往往成为一种纯粹的形式，浪费了宝贵的时间，而且时而会引起更麻烦的问题——如果下级法院的法官不能够或者不愿意理解并遵从最高上诉法院作出的法律解释的话。而在理论上，也不能要求他们，甚至不能允许他们遵从上级法院的裁决。前已述及，法官必须基于法律作出裁决，而最高上诉法院的意见过去不是、至今也不是法律的渊源。因此，最高上诉法院的裁决因其推理及权威出处，

〔1〕 指上诉法院。——译者注

最多是一种有说服力的意见。但如果重审法官坚信法律并非如此,他便应该保留意见。自上诉法院建立以来,案件上诉程序的大部分历史,就是不断出现这些问题,又发明了许多设置来解决这些问题的编年史。迄至俾斯麦统一德国时,法国上诉制度的缺陷已经明朗化了。另外,这时欧洲的法学思想已公开承认,实际上,法律解释必然成为法官日常工作的一部分。没有理由把事情搞得复杂化了。于是,德国人做了一件合理的事情:创设了一个最高法院,这个法院为了法律的正确实施,不但有权审查下级法院的判决,撤销错误判决,作出正确的指示,而且相应地还可以对被错判的案件进行“改判”。

这样一个演化过程——从主张只有立法机关可以行使法律解释权,到立法性法庭的出现,再到产生有权审查和纠正下级法院错误的法律解释的法院——必然伴随着对普通法院法律解释
42 权的逐步承认。这一演化过程还伴随着大量的讨论和著作的产生。有的为法院的法律解释权作辩护;有的确定这种解释权的界限;有的则说明如何行使这种权力。因此,大陆法系国家中对解释权的大多数研究(大致相当于美国对审判程序的大多数文献)部分是对法院解释法律这一做法表达不安,部分是为法院可能滥用法律解释权而忧虑,只有少数是聚焦于法律解释的实际程序。许多学者曾经试图证明,司法解释同“立法至上”以及严格的分权原则实际上并不矛盾。那些热衷于确定法律解释权界限的人关心的是法的“确定性”,并为防止司法专断和失职而殚思竭虑,仅有为数不多的学者曾试图帮助法官解释所面对的具体法律问题。

我们知道,革命的意识形态认为,系统性的立法应当完整、连贯和清晰,而且要把法官的作用缩小到仅对事实适用法律(成文法)的范围。这种试图将司法程序描述得过于简单化的观点,至今在公众甚至某些法学家的头脑中还有相当惊人的残余影响。

它同普通法系中的人们对法官工作过于简单的认识颇有相似之处。普通法系中许多外行，甚至包括一些法学家都坚信，法院应受先例的约束，而根据案件事实寻找和适用判例的过程是相当机械的。这是对普通法系和大陆法系的实际司法程序的流行传说。

如果是深思熟虑的欧洲大陆的法学家们，其实从来就很难对这种司法程序图景（vision）抱有多大信心。革命时期，把这种革命的意识形态当作有效似乎是重要的，但难以置信的是，许多法学家曾对之坚信不疑。非常明显的是：事实与意识形态相距甚远。“法规自动适用”的幻觉（认为立法规范非常清楚明白，以至于其适用成了一个自动实现的过程）面对现实时早就不攻自破了。自革命时代以来，大陆法系法院就忙于审判那些要依靠对立 43
法条款含义的理解来解决的争端。这些案件常常被上诉，下级法院的判决被推翻也绝不少见。一部典型的民法典中，几乎没有一个条款不需要作司法解释，以使当事人、他们的律师或法官自己了解其不清楚的意义。

不仅如此，即使粗略地扫一眼“法理”（jurisprudenle）（大陆法称呼司法判决的术语），也会发现“法典能做到完整和逻辑一致的教条”无法存在。相反，记录中充满了法院不得不填补立法计划中漏洞和调节成文法之间明显冲突的判决。虽然法律文本保持不变，但是法律的含义和适用却经常改变，以回应社会压力，并且出现了现有立法从未涉及的新问题。法律确定性的理想在实际存在的不确定的案件事实面前，变得无法实现。在此，当事人权利的确定通常有待诉讼之结果。在实践中，并没有清晰、完整、逻辑一致且具有预见性的立法使法官能摆脱解释并适用法律的必要。同普通法系法官一样，他们陷身于一个重要、复杂而又充满困难的程序之中。在案件的具体情况下，法官所必须适用的法律很少有明确的（如果有的话），无论这些法律抽象地看有多么明确。法官必须填补立法上的疏漏,解决计划之间的冲突,并使法律适应不断变化的条件。法典并非不证自明便可适用,对于善于思考的法官来说尤为如此。

哪怕有这些事实,在大陆法系的世界中,关于司法解释的传说仍有惊人的顽固性。其结果是:事实和传说之间存在一种紧张关系,试图解决此种冲突的大量著作也不断问世。直到最近,这些著作大都在尽力保留这种传说,其论题主要有以下三个方面:(1)严格意义上的法律解释问题,即被解释的法律只能限于不清楚的规定;(2)存在法律空白的情况下的法律解释问题,即解释不存在的法律规定;(3)所谓“演化性法律解释”(evolutive interpretation)问题,即虽然成文法的术语未变,但其含义已发生变化。

这些都是问题,因为法官必须对案件作出裁决。法官不得借
44 口法律规定不清楚而驳回诉讼。当立法的指导确实不清楚时,所谓“严格意义上的法律解释”就成了法官为其所作的判决进行辩解的根据。这两方面的结合,使法官成为具体案件的立法者,并将案件当事人置于司法擅断和不负责任的危险之中。而在法律存在空白的情况下就更糟糕,立法者没有为案件提供任何可适用的法条。在此情形下,法官确实是在为案件立法,其中所蕴含的危险更加明显。而在法律通过司法解释具有了与其立法时不同的含义的情形下,法官作为立法者的角色是显而易见的。

大陆法系回应以上问题的正式方式可由 1942 年《意大利民法典》处理法律解释的条款得到很好的说明:

“解释法律,必须根据条文之间的联系和立法者的意图,通过探求条文的真实意思以弄清法律的含义而不得附添其他意义。”

“如果争议无法以某一确切的法律条文进行裁决,可以适用解决同类案件或相似案件的规定;如果案件仍有疑问,则应根据国家法律秩序的一般原则进行裁判。”

该规定第1款,为法院在严格意义上解释法律问题规定了立法性的指导方向(其实,这个规定本身就已被意大利法院作了许多解释,从而形成了大量的对解释的解释),即适用法律应根据法律的直接意思;如果它的意思不明确,法官就应该参照立法机关制定法律的意图。很明显,这个指导对于法官来说,要么多余,要么不足。因为,如果法律的意思是清楚的,那么原本就不存在解释的问题;而一旦法律的意思不清楚,那么所谓“条文的真实意思”就是一种虚构。条文并没有固定的意义,其意义要看运用它的人如何理解。而法官所面临的问题正是,当立法者制定这个条文时采用的字句的意思不清楚时,法官要提供解释。凭借立法者的意图办案,对某些案件也许有用。然而,代议制立法机关的讨论是那样复杂,要再现立法者意图之形成和表述的历史过程,将是极具风险的冒险行为。在数量惊人的案件中,立法历史表明,立法机关并不能预见法官所遇到的问题,因而,也就不存在任何与这种问题相联系的“意图”。事实上,学者普遍认为,法官所要 45
探求的并不是立法机关的真实意图,而是法律规范(成文法)自身的意图、精神和目的性内容。所以,《意大利民法典》对法官所作的这种告诫以及其他大陆法系国家对法官作出的类似劝导,并不能帮助法官解决法规不清楚的问题,它们仅是建立了一个与传统的法律解释观点一致的概念集合,并告知法官必须运用这些术语来表述他们判决的结果。这种规定并没有告诉法官该如何判决,仅是告诉他们该怎样说明其判决。

《意大利民法典》这条法律规定的第2款是在存在法律空白的情况下为法官指明方向。也就是说,如果对于某一问题没有明确的法律规定,法官则应从其他相近的法律规定中类推适用;如果仍不能解决问题,那么就必须依据所谓的“国家法律秩序的一般原则”。这个规定是多年来的意识形态论战的产物,与之相应的参照是1811年的《奥地利民法典》依据“自然法原则”的规定。这一条款体现了国家实证主义最终取得胜利以前普遍流行的观点。这种观点认为,在任何形式的国家实在法之外,存在一种称为“自然法”的法律,它是根据人性和社会秩序的自然要求而产生的。这一期间的主要争论,集中存在于不同的自然法学流派之间,特别是世俗自然法学派与罗马—天主教自然法学派之间。到了19世纪晚期,通常的规定中已抛弃了“自然”这个词,这清楚地表明了社会普遍的认识已由自然法向不可抗拒的国家实证主义迈出了一步。然而,仍远不足平息这场争论。前引《意大利民法典》的规定消除了意大利对此争论的一切疑问,其他大陆法系国家也趋向于不再参照或依靠“自然法”。(至于这条“解决法律存在空白时的法律解释问题”规定的真正意义,我们在本书第十章对法律科学的探讨中才能谈到。在那一章中,我们将会看到,对法官来说,这种规定的主要作用是作为一种调和大陆法系中关于司法解释的传说与法学思想的主要学派之间矛盾的工具。)

要让法律解释与立法至上和分权原则相一致,需要解决的最困难的问题是关于法律的“演化性解释”问题。我们很熟悉这种现象:一条过时的成文法规定,如果法官在审判案件时以传统的
46 方式适用这一法条,将产生明显不合理的判决。这并不是说以前的法律解释本身是错的,这些解释常由最高上诉法院(或其他相同机构)经过裁决而确定下来。然而,情况已经发生了很大变化,在审理现在发生的案件时,有必要对法律作出新的解释。法官所面临的问题将是,如果他根据旧的法律解释判决案件,就将产生法官自己、当事人以及社会都不满意的后果;而如果他对法律作新的解释,以便使自己、当事人(至少是一方当事人)和社会都感到满意,那么他就要立法。当然,他也可以把问题提交立法机关,并拒绝对法律作出新的解释,而要求立法机关修改法律以适应现

时需要。然而，这不能使该案件的当事人满意；而且，对立法者提出这样的要求也可能是不现实的。所以，大陆法系各国都普遍承认法官有权对法律作“演化解释”。于是，问题争论的焦点就不再是法官的这种权力的合法性，而是其正当性问题及适当的界限。可以预见，关于这种法律解释问题的传统学术研究首先考虑的是，证明法官在“演化解释”中并没有真正立法。

正如我们以上所谈到的那样，大陆法系中许多有关司法解释的论著的观点，都在试图证明关于司法解释的传说仍然有效，而且许多教授也仍然向法科学生传授这些观念。到了现代，已经出现了许多反对这种传说的看法，诸如功利法学、社会法学、现实主义法学等，都有自己的虔诚信徒。《瑞士民法典》规定，当任何法律解释方法都不能适用于案件时，法官则可以站在立法者的立场上，采用可适用的规则。因为这种和其他多种法律解释的方法，使司法解释的传说正逐渐失势。不过，相信它的人仍然不少，不相信的人也不能等闲视之，而必须加以反驳。司法解释的这种传说是大陆法系的典型特征之一。

前已论及，司法判例不是大陆法系的法律渊源。如果判例对其后法院判决的案件有约束力，就违反了禁止法官立法的原则。因此，大陆法系的传统观念是，任何法院都不受其他法院判决的约束。至少，在理论上，即使最高法院已论及了所涉问题，并就如何恰当处置清楚地表明了意见，下级法院仍然可以作出与之不同的判决。 47

理论上如此，实际中却是另一回事。虽然没有“遵循先例”的正式原则，法官的活动却受到先例的影响。大多数大陆法系国家定期发布司法判决。准备出庭的律师搜索相关案例，并在辩论中加以引证。法官判决案件也常常参照先前的案例。无论革命的意识形态对判例的作用如何评价，事实上大陆法系法院在判案时对待判例的态度同美国的法院没有多大区别。法官之所以要参照判例办案,主要有以下几个原因:第一,法官深受作出先前判决的法院权威的影响;第二,法官被判例的推理说服;第三,法官太懒,不愿独立思考问题;第四,法官不愿冒自己所作判决被上诉审撤销的风险。可能还有其他许多原因。这些同时也是普通法系中法官援引判例的原因,至于是否存在任何"遵循先例"的正式规则则无关紧要。有些人认为,在大陆法系中司法权威毫无用处,而普通法系中法官又只能死守判例办案,由此将大陆法系与普通法系相对立,这对两大法系的实际情况都有所夸张。众所周知,大陆法系法院也使用判例,而普通法系法院也是有选择地援引判例,且有时会推翻自己过去作出的判决。

虽然这些事实十分清楚并广为人知,但有关司法解释的传说却仍然相当顽固。此外,众多有思想的大陆法系法学家常常对他们自己国家的法院正在广泛使用判例这一事实视而不见,正如同样有思想的普通法系法学家也往往简单和错误地看待他们法院对判例的援用一样。两大法系在司法程序中的重大差异,并不在于两种法院实际上在做什么,而在于它们各自占统治地位的传说要求法院应该做些什么。在正宗的大陆法系传统下,法官被安排的是一种相对次要、无足轻重的角色,仅仅是法学家和立法者所设计、建造的法律机器的操作者。下面我们将考察大陆法系对法官作用的这种认识,在强调法的"确定性"而否定法官固有的衡平权上又是如何反映的。

第八章　确定性与衡平性

大陆法系国家的法学著述均十分强调法律的确定性。诚然，48 在任何法律制度中，“确定性”都是法律追求的目标，但“确定性”在大陆法系国家获得了至高无上的价值，成为毋庸置疑的信条，是最为基本的目标。尽管众多的大陆法系学者承认与“确定性”并行的尚有其他一些基本价值，维护这些价值将可能以牺牲部分“确定性”为代价，但通常并不就此进行讨论。在大陆法系国家，以损害法律的确定性来反对拟议中的法律制度变革，总是个好理由。例如，在意大利墨索里尼统治时期，法西斯主义者企图把法变成极权国家的工具，但是法学家们以保持法的“确定性”为由，成功地抵制了这种企图。法西斯主义倒台，建立了共和国后，对意大利法律制度进行改革的许多可取的主张，又遭到其他法学家们的反对，理由也是为了维护法的“确定性”。“确定性”是一种抽象的法律价值，就像国际象棋中的皇后，可以向任何方向移动。

虽然，“确定性”这一理想曾被用于不同的目的，但其最主要的应用是对法官的不信任的反映。依据“确定性”的要求，法官不得创造法律。同样是为了实现法的“确定性”，立法应当完整、清晰、逻辑严密；法律的解释和适用应该尽可能成为“自动”的过程。在此意义上，对“确定性”的强调表达了让法律成为法官断案依据的愿望。

法的“确定性”在普通法系国家也被认为是可取的价值，但与大陆法系的“确定性”有三大区别。首先，通常是依据更实用的观念来认识“确定性”，并没有奉之为信条。这种“确定性”观念认为，应当尽可能让人们了解其权利和义务的性质，使他们在计划自己行动时，对相关法律后果有所确信。但是，人们也普遍认识
49 到，“确定性”可能实现的程度是有限的。其次，普通法系国家通过赋予司法判例以法律效力来实现“确定性”，而这在大陆法系的理论中是不允许的。审判中长时间积累的判例提供各种具体的、详尽的法律规则实例。这些判例和法律规范本身结合在一起，比空泛的立法条文更有助于加强法的“确定性”。因此，普通法系对“确定性”的追求是支持“遵循先例”原则的理由；而在大陆法系却是反对“遵循先例”原则的理由。最后，普通法系国家(特别是美国)普遍认为，“确定性”仅是诸多法律价值之一，且有时它会与其他法律价值存在冲突。“确定性”往往意味着僵化，“确定”的法律可能难以反映已改变的情况或者难以处理特殊的案件。在普通法系中，“确定性”被看作是与“灵活性”相竞争的价值，彼此互相制约。在大陆法系中，“确定性”是最高的法律价值，“灵活性”的需求则被视为一系列问题，让实现法律成为法官断案依据之理想的程序复杂化了。因此，对于我们在上一章谈到的法官解释法律的问题，大陆法系国家常常这样规定：如果不谨慎地控制法官释法，法律就将变得更加不确定。

对于“衡平”，一般也是持同样态度。在一般意义上，“衡平”是指法官有权缓解因严格适用成文法所致的严厉处罚，或根据个别案件的具体情况分配财产或责任。简言之，“衡平”就是指在解决争讼时，授予法院有根据公平正义原则进行裁决的有限权力。这是认识到了宽泛的规则(如成文法中时常遇到的那些规则)适用时可能会过于严厉或不当，并且，某些问题过于复杂，立法机关不可能就这些事实的所有可能的排列组合都作出详细规定。凡

有类似的问题发生，最好是由法官根据“衡平”原则作出裁判。所以，“衡平”就是个案公正。这显然意味着授予法官自由裁量权。

但是在大陆法系，授予法官自由裁量权对法律的“确定性”构成了威胁。从法学理论上说，大陆法系法官完全没有“固有的衡平权力”。处理某一宗具体案件时，法官或许时不时会得到“衡 50
平”授权，但授予这种“衡平”权需要立法机关以成文法明确作出，并加以严谨的限制。虽然法官的“衡平”权过去是、现在仍然是许多大陆法系学者探讨争论的问题，但占统治地位的观点仍是倾向于维护法的确定性，严格限制法官行使“衡平”权。

于是，大陆法系为了“确定性”而牺牲了“灵活性”。与大陆法系相比较，普通法系则倾向于在二者之间寻求平衡。为何两大法系对待法官自由裁量权的态度迥异？我们在前两章中已谈到了一些原因，不过这里还有一个原因，就是几百年前英国就已存在独立的衡平法院（大法官法庭）系统，并产生了一整套独立的被称为“衡平法”的原则。

侵入英国的诺曼征服者在哈斯丁斯战役后，很快建立了集权的中央政府，其中包括司法机构。他们设置了王室法院和王室的审判制度，逐渐取代了旧的封建法院和规则。在英国集权化的审判制度的形成过程中，王室法院的法官逐步发展了一套新的程序和法律救济手段，以及一个新的实体法体系。这些法律至少理论上适用于全体英国人。因此，它们被称为普通法。普通法最初是生气勃勃和富有创造性的，但逐渐发展成为依据僵化的、机械性的规则而适用的一套死板的、有局限的程序和法律救济手段。普通法被形式和规则所束缚。然而，诉讼当事人如果对王室法院所采用的法律救济方法不满，或者想要控诉判决的公正性，他都可以向国王请愿寻求救济。国王有权基于这种请愿更改其审判制度的运作（这种权力的现代残留是行政首脑赦免和减刑的权力）。

国王时常亲自考虑和过问这些请愿,但不久就将这个任务委于被称为"大法官"(chancellor)的王室官员。大法官[常被称为"国王良心"(the King's Conscience)]有权为了公平而更改司法判决。自然,有许多人抱怨这种自由裁量权或真或假地被滥用,也有人批评它招致了法的不确定;而且,曾一度流传一种说法,大
51 意是公正是由大法官的脚的长度来衡量的。但是,随着审理请求公正救济的申诉的过程越来越趋于制度化、正式化,而且,随着这类案件日益增多,大法官单独审理已力不胜任,要求助手帮助,这样,就使这种对法律运作酌情给予救济的过程日益司法化。有了正规的形式,程序规则和实体规则都得到了发展,以调整大法官受理申诉和审判程序的全过程。大法官逐步变为大法官法庭,在大法官法庭审判中适用的规则也成为了一个独立的法律部门,这被称为衡平法,以彰显大法官法庭的历史起源。

于是,在几个世纪中,英国一直存在着两套独立的司法体系:一个是普通法院和普通法,另一个是大法官法庭和衡平法。一般来讲,在它们独立存在期间,大法官法庭的管辖权受限于缓和普通法中某些苛严方面,并对适用普通法的救济被认为是不充分的案件提供其他的救济方法。最终这两套独立的法院制度及普通法和衡平法的制度被废除了,其管辖权和原则合二为一。现在的普通法系就是由传统的普通法以及起调和作用的衡平法构成的。

一位比较法学者曾经说过,如果英国从来没有一个大法官法庭的话,那么今天的普通法系与大陆法系也就相差无几了。这种说法有一定的历史根据。因为,自从罗马早期以来,大陆法系从来没有受过大法官法庭这种宽松和自由的影响。不过,更具体地说,衡平法对普通法的两大特殊贡献——"法官自由裁量权"和"民事藐视法庭行为"处罚权(the Civil Contempt Power),可以帮助我们说明当代大陆法系和普通法系之间的区别。

首先看审判上的自由裁量权，普通法系法官传统上享有固有的衡平之权：他们能够根据案件事实决定其法律后果，为了实现实质正义（substantial justice）可以不拘泥于法律，还能解释和重新解释法律使之更合于社会的变化。这些权力并不被认为是对法的“确定性”的威胁；相反，“确定性”是通过坚持“遵循先例”的审判原则来实现的。因此，合理地解决法律“确定性”的要求与个案公正之间的困难，就成为了法官自己的职责。在该问题上，政府 52
的审判权和立法权并没有冲突。普通法系国家的法官能够行使审判上的自由裁量权，但他也必须对法的“确定性”和稳定性承担主要的操作责任。

因此，普通法系国家的法官并不像主流观点中的大陆法系国家的同行，只是按照立法者划定的框框处理案件。即使当案件涉及适用某条成文法时，普通法法官也有一定权力根据案件事实来调整所适用的法律。如果立法者制定的框架不适用，法官可以略作改动，使之与案件事实相符合。当所适用的法律是一个或几个前任法官所作的判例时，这种权力就更大。相反，在大陆法系国家，如果案件事实不契合法律所设定的框架，就要强制变更事实的某些成分以与之相契合。而在理论上，只有立法机关才能制定这种框架。

认为大陆法系国家的法官缺少固有的“衡平”权力，这种说法是正确的。但是，指责大陆法系比普通法系缺少“衡平”因素则大谬不然了。实际上，有很好的论据可以（也已经）有力地论证大陆法系在某些法律领域已发展出了更好、更具有衡平性的实体法规则。但是，我们这里所关心的并不是哪个法系相对更公平，而是立法机关和审判机关二者之间的权力分配。普通法系国家的法官有固有的衡平权，而大陆法系国家这种权力属于立法机关，立法机关实施这种权力的方法及其对司法所产生的影响，使大陆法系国家的法律程序理论与实践之间形成了鲜明的对比。

从理论上讲,大陆法系国家立法机关行使衡平权时采取下列两种主要方法:其一,在严格限制的情况下,特别授权于法官;其二,自己制定并颁布"衡平"规则,同其他规则一样供法官适用。《意大利民法典》第 1226 条就是第一种方法的范例。该条规定:由于被告违反义务而对原告造成实际损害的精确数额不能被证明时,法官可以依据"衡平"原则确定赔偿数额。该法典第 1337 条则是第二种方法的范例。它规定,契约当事人在议订契约时必须遵守诚实信用的原则。大陆法系任何国家的现代民法典都有相当数量的类似规定。

53 很容易就可以看出,上述第二种法律规定将很大一部分未被限定的衡平权移交给了法官。事实上,确实,立法机关有行动,而且将其行动体现为实体法规则,但是,这些条款的措辞如此笼统("诚实信用",在法典中并没有确定的内涵,它潜在的适用范围几乎是无限制的),以致法官几乎不会受到这种立法规定的任何约束。这一条款的含义完全取决于法官在具体案件中对之如何处理。法官在具体案件中对这些条款的处理成为了实际上的法律,虽然不被理论承认。想要了解适用这些条款之预期效果的律师,会立即转而寻找已公布的法院适用该条款所作的判决。这样,立法机关并没有提供框架,实际上,它告诉法官自己来制定框架。

通过立法运用这种一般条款将权力授予法官的实际做法,在大陆法系国家非常普遍,虽然法官能动地行使该权力的范围大小因国而异。《拿破仑法典》第 1382 条规定,行为给他人造成损害时,行为人必须向他人承担赔偿责任。法国法院根据这条规定,建立了整个侵权行为法体系。《德国民法典》(BGB)第 242 条规定,履行义务的人须持诚实信用的态度。德国法院用这条规定创造了一个新的庞大的义务履行法的体系。这两国的法院对判例法的态度都更倾向于普通法，而不限于主流理论所允许的范围。德国法院对理论的颠覆尤为突出，它们按照第 242 条处理第一次世界大战中因通货膨胀灾难所产生的某些问题，提供了司法能动主义的范例。这种能动主义甚至比坚定的法律现实主义者走得更远。引用“法律来源”的强制要求在这种判决中是一种空洞的仪式，对法官的约束作用很小，而且，由于拒绝了“遵循先例”的原则，这种判决又几乎无益于法的确定性。

在同一时期中，德国法官屈从于纳粹统治者的愿望常常不合时宜地被拿来与意大利法官成功抵制法西斯主义相比较。按照 54
这种说法，19 世纪 20 年代，德国法官激进地以损害法的确定性为代价选择了法官自由裁量权，这既是为了正当化他们对一般条款的运用，也遵循了“自由法”（free law）学派法学家所发展出来的理论。而意大利法官坚持他们强调确定性的传统方式，只在非常有限的范围内运用自由裁量权。当黑暗时代降临，德国法官未能以强调法的“确定性”来捍卫法律秩序，与意大利法官不同，他们已公开地抛弃了这一原则。人们是否被这种历史观点说服，这无关紧要。许多人相信这种观点的事实可以让我们得到某些启示，为何即使在最自由的大陆法系国家，对法的“确定性”之呼吁也持久不衰，对法官自由裁量权则一直存疑。

衡平法对普通法作出的第二个显著的贡献，就是“民事藐视法庭行为”的处罚权。这是法院惩罚在民事（非刑事）案件中违背了法院为或不为某种行为的命令之人的权力。也就是说，法院有权命令人们做某事或不做某事，如果他们不服从，则有权惩罚不服从者。在普通法上，“民事藐视法庭行为”的处罚权用于广泛的目的。例如，居住在飞机场附近的居民，可以因飞机起降太低，危及其房产而向法院起诉，他因此可能得到法院关于飞机飞行不得低于一定高度的禁令。如果这个禁令被违反，违令者就要受到法院的惩罚。又如,已允诺将其土地卖给他人的土地所有人,后来又拒绝交付土地,法院可以命令其交付土地。如果他拒绝,那么法院即可处罚他。还有,法院可禁止非法纠察某个雇员的劳工组织继续从事纠察;如果不停止纠察,该组织的负责人将因之受到处罚。这种对个人发布禁令作为法律救济的办法,在普通法系国家司空见惯。这些命令背后的权力,是法院对那些违令之人加以处罚的权力,即“民事藐视法庭行为”的处罚权。

大陆法系国家不存在“民事藐视法庭行为”的处罚权。对特定的个人发出某种命令,以及在他们违反这一命令时加以惩罚的一般权力,在大陆法系国家似乎闻所未闻。法国有一种称为“astreinte”(执行罚)[1]的制度,其在一定程度上与“民事藐视法庭行为”的处罚权有着相同的作用;德国法律上也有类似“执行罚”的制度。法国的“执行罚”最近经由立法得以扩张,但仍然只是对普
55 通法系法官所拥有的广泛权力苍白无力的仿效而已。在20世纪早期,墨西哥发展出了“保护令”(amparo),一种保护宪法性权力的特别程序,这种程序被其他拉丁美洲国家引进,有时换了别的名字(如巴西是“mandado de seguranca”,哥伦比亚是“tutela”,委内瑞拉和中美洲国家是“amparo”)。保护令是一种强大的禁令,通过“民事藐视法庭行为”处罚权来强制执行,拉美法官越来越多地运用这种权力。

对大陆法系来说,授予法官以科处监禁或罚金(或二者并用)的方式来强制和限制个人在民事诉讼中为或不为一定行为的一般性权力,这种观点与传统相悖。首先,它与实现“确定性”的要求不符合,它授予法官的权力远远超过了大陆法系法学家们认为法官所应拥有的权力。其次,对于不服从判决处以监禁和罚金,

[1] 法文原意为“违反义务应受处罚”。——译者注

在大陆法系学者看来,它更类似一种刑事处罚,而不是民事处罚。相应地,这种观点认为,刑事法律内含实体和程序的保护性条款,在对个人施加惩罚之前,进行刑事诉讼程序通常是必不可少的。而这种保护性条款不存在于非刑事法规之中。最后,"民事藐视法庭行为"的处罚权对大陆法系的司法活动似乎并无必要。因为,个人的私有财产就可以为其履行义务提供担保。民事法院的权力,通常仅限于根据法律条文的规定对各种民事案件作出以金钱为内容的判决,除了少数例外。在特殊情况下,民事法院也可令当事人为某种行为,但这种行为只能是可以由他人代替履行的行为,称为"可代替的行为"(fungible act)。于是,可以向被告人收取第三人履行的费用,必要时法官可以赋予这种行为以适当的法律意义。比如,负有转让土地义务的一方当事人如果不履行转让土地的必要手续,法院则可准备好这种手续,并赋予其必要的法律意义。

现在我们可以看出,对于法的"确定性"的不同要求,固有的"法官自由裁量权"和"民事藐视法庭行为"处罚权的存在与否,标志着两大法系在审判制度上的根本区别。它表明,大陆法系法官仍然受各种传统观念的制约,尤其是受到出现于法国革命时代的审判程序模式,以及该模式在德国法律科学影响下产生的更精炼的格局的限制,这将是我们下面的话题。

第九章 法学家

56 我们已经知道，与普通法系法官相比，大陆法系法官的作用颇受限制，其地位也大为逊色。把普通法称为“法官法”不无道理。然而，谈论大陆法系时，却不会有人想到用此术语。古代罗马的“iudex”[1]这一形象、旧政权下法官的枉法非为，加之法国革命时代出现的关于法官作用的观念，共同导致了对法官职能的限制。在大陆法系中，立法实证主义、权力分立的教条、法典编纂的意识形态、对法律解释的态度、对法的“确定性”的特别强调、对法官固有衡平权的否定以及对“遵循先例”原则的排斥等，均削弱了法官的作用而彰显了立法者的地位。

因此，人们或许认为，大陆法系法律舞台上的主角是立法者。实际上有一个时期，人们曾期望立法机关制定出包罗万象、逻辑严密、清晰明确的法律，以便使法律解释成为多余。放弃“立法一贯正确”的信条是一个不情愿的缓慢过程。现在，大陆法系法院解释法律的职能虽已得到承认，但虚妄的信条仍坚持认为法官解释法律不是在创造法律，而仅仅是在探求并遵循立法者在条文中明示或暗含的“意图”。所有这些均说明，大陆法系立法者占据着普通法系法官所享有的统治地位。历史上曾有一段短暂的时期，情况似乎确实如此，但立法者们很快发现，他们自己也是笼罩在

〔1〕 拉丁语“法官”。——译者注

一些人的阴影之下，这些人就是来自书斋的法学家。法学家们不仅创造了近代民族国家理论、法律实证主义和权力分立学说，而且还创造了法典编纂的内容、形式和风格，提出了关于司法职能之性质的主导观点。于是，教师学者（teacher - scholar）成了大陆法系中的真正主角，大陆法是法学教授之法。

作为对照，在美国，虽然法学教授和法学的影响或在增长，但法官仍对塑造美国的法律制度生长和发展起着最重要的作用。而且，主流意识形态也认为，美国法官应当担此大任，法官们自己也清楚社会对他们寄予的厚望。法学家作为普通法系发展的重要力量，是十分晚近之事，并且，相对而言，这种力量仍非常微弱。普通法依然是法官之法。 57

在大陆法系国家，法学家的重要作用由来已久。罗马时代的法学家是执政官和法官的顾问。他们被认为是法律专家，但不享有立法或司法之权。这些法学家被认为是这种学者传统的奠基者。他们的意见很有分量。到了公元 2 世纪，某些法学家的意见开始对法官产生约束力。这些法学家的意见被记录、收集，当作权威。查士丁尼《国法大全》最重要的组成部分——《学说汇纂》的一部分和《法学阶梯》的全部，都由法学家的著述构成。

在意大利复兴之后，正是法学家承担了复兴罗马法和发展中世纪欧洲共同法的责任。注释法学派的著作与查士丁尼的《国法大全》一起，构成了为西欧各地所接受的罗马法。在这一时期，法学家对法律问题的解答在一些地方对法院具有约束力。这种惯例类似于罗马法古典时代法学家的作用。比如说，在德国，有一段时间法院经常把案件递交给法学院裁决。19 世纪欧洲和拉丁美洲的许多法典，都是由法学家依据前辈学者的著作起草的。关于德国法典编纂的激烈争论是由法学家发起和引导的。意大利在很多方面都是大陆法系的原型代表，该国最近的几位总理和总统都是法学家。

重新审视大陆法系历史上两大法典编纂时代——查士丁尼时代和19世纪法典化时代,有助于认识大陆法系法学家的作用。我们记得,查士丁尼对法学家的著述十分重视。他认为,浩瀚的法律著述是导致不必要的混乱与困难的根源。然而,他并不想废止所有法学家的权威,相反,他希望从现存的众多著述中选出具有保留价值的东西。这是他交给《国法大全》编纂委员会的任务之一,该委员会全部由法学家组成。这样,《国法大全》中最大也是最重要的部分——《学说汇纂》,就是多由罗马法学家的著述汇编而成的。《国法大全》的另一组成部分《法学阶梯》,则是基于一本同名的罗马法教科书,由法学家盖尤斯所著。

58 尽管拿破仑积极参加了法国法典编纂的准备和颁布工作,但是,法国法典编纂仍极大地依赖于法学家的著述。法国法典的实际起草工作虽说由执业律师和法官共同组成的委员会承担,然而,这些委员会却受到法学家们尤其是罗伯特·波蒂埃(Robert Pothier)的著述的支配。立法机关对法典草案所作的修改,仅是在委员会成员们的宏大学术蓝图之内所作的微小变动。法国法典编纂的思想很大一部分源自法学和哲学,包括普芬道夫和孟德斯鸠这些人的思想。这种思想后来又支配着法国各大法典的解释和适用。同样是在学者的影响之下[如拉丁美洲的安德斯·拜罗(Andrès Bello)、特谢拉·迪弗雷塔斯(Texeira da Freitas)和维利斯·萨斯菲尔德(Velez Sarsfield)],以法国法典为模式编纂本国法典的大陆法系国家也接受了这种思想。我们将会看到,德国的法典编纂更是彻底地由法学家们支配。

那么,令人好奇的是,为什么立法者对法学家总存在着爱恨参半的矛盾心理?例如,为什么查士丁尼一方面要求法学家编纂法典,另一方面又禁止他们对《国法大全》进行评注?其原因,我们只能作一些猜测。首先，查士丁尼企图恢复古老纯正的罗马法传统的愿望同时伴随着他的担忧。他惧怕在他有生之年或死后的评注的品质低下，如同被《国法大全》排除在外的许多著作，比不上经典时代的学术成就。其次，查士丁尼认为，他所编纂的法典达到了尽善尽美的地步，对法典作任何评注只会黯淡法典的光彩。最后，查士丁尼亲自审阅了《国法大全》，并正式颁行，作为罗马帝国的君主，他将《国法大全》视为统治帝国的法律体系；如果对他的立法加以评注，他认为这可能会贬损法典至高无上的权威。然而，查士丁尼不准公开对其法典进行评注的禁令，在他生前就必然会被无视。

虽然拿破仑并不打算禁止对他的民法典进行评注，但他希望 59
评注不要公开发表。可是，他的希望正如查士丁尼的禁令一样徒劳无功。有个人所皆知的传说：当拿破仑得知第一本评注出版时，他的反应是大声惊叫："我的法典完了！"拿破仑说出这样的话，其理由之一是他的错觉，他认为这部法典如此清晰、完善、逻辑严密，再加任何评注都是多余的；另一个理由是他担心法典一旦落入法学家之手，该法典作为法国公民喜闻乐见的法律书籍的作用就将随之湮没；此外，他可能担心法学家用保守、陈旧的观点看待法典并加以评注。拿破仑要使这部法典胜过旧的、分散的区域性的法律，为全新的法律秩序奠定基础。在新法典所适用的领域，一切旧法被全部废止，但为了收到废除旧法之实效，还必须防止以革命前的旧法观念来解释新法。而法学家们恐怕难以认同爱国律师所奉行的信条："我对民法一无所知，我只知道《拿破仑法典》。"

因此，查士丁尼和拿破仑都曾召集杰出的法学家们来完成这项非常艰巨的任务：起草具有深远改革意义的法典；但是，他们同时也惧怕法学家对他们法制改革的影响。在大陆法系中，立法者对法学家的不信任时常出现。例如,现今意大利立法机关规定,法院在作判决时,不得引用法学家的论著。因此,深受法学影响的意大利法官们,在实际判案中运用法学家们的思想时并不直接引用其著述,而只是泛泛地称为“学说”(the doctrine,这是代指法学家的著作和文章的大陆法系术语)。意大利议会的禁令被轻易规避,这不过是立法机构禁止或至少削弱法学家影响的企图只落得一场空的又一例证。尽管立法机关竭力抑制学说的影响,但在大陆法系国家中,法学家以及法学的影响犹如江河滔滔,势不可当,它为立法提供了指导思想和基本内容,并最终吞没立法。

阅读一本欧洲大陆法制史的典型著作,将有助于我们真正了解大陆法系法学家的重要作用。在大陆法系中称为“法制史”的很多内容,将使对此陌生的普通法法学家迷惑不解。普通法系法学家习惯于把法制史视为对一定历史、经济和社会条件下的法律
60 和制度的记载。他们所阅读的法制史书籍,全是重大案例、特殊法规和历史事件。但是,当他们翻阅关于大陆法系法制史的著作时,所看到的大多是讨论各个法学流派的思想以及法学家们及其追随者之间的争论;读到的是评议学派、注释学派、人文主义学派、18世纪法国法学家之间的不同见解,以及德国萨维尼和安东·蒂博特(Anton Thibaut)之间关于德国法典编纂的争论等。总之,这种法制史是思想史的一种特殊形式。它一方面完全与社会经济的历史分离,另一方面又远离对具体法律制度产生、发展和演变的探讨。在这种形式的法制史中,法学家是主角。它所论及的主题是关于法律秩序的结构和实施的思想潮流。

正是基于上述分析,我们说法学家是大陆法系中的主角。立法者、执政官、行政官员、法官以及律师无一不受法学家思想的影响。法学家们把大陆法系的历史传统和形式上的法律条文融为一种法律制度的模式,将之传授给法科学生,并著书立说加以论

证。立法者和法官接受了法学家的法律思想，而他们在立法和执法时运用的是法学家研究出的概念。因此，尽管法学不是一个正式的法律渊源，但是学说却有巨大的权威性。

在美国，立法机关在理论上也是至高无上的，但实际中流传着这样一个家喻户晓的名言（出自一位法官之口）："法官所言即为法律"（the law is what the judges say it is）。应该说，这句话是事实陈述。实际上，法官对于提交给他审理的案件，需要决定其性质，决定适用什么法律原则，以及如何运用法律作出判决。无论他选择的原则是由立法还是由先例体现，都只有在具体案情中才能获得实质意义，而它们在具体案情中获得的意义又必然是法官所赋予的意义。在与之相似的意义上，在大陆法系，相当贴切的说法是法学家所言即为法律。下一章，我们将叙述大陆法系国家法学家们所研究并维护的法律概念。

第十章　法律科学

61 在大陆法系国家,法学家的法律观与社会一般人对法律的看法一致。在罗马法研究复兴之后的博洛尼亚 ,确实如此。当时,注释法学派(Glossators)[1]发展了关于法律的概念、法律研究和教学方法的主导观点。当人们引用注释法学家的论著时,引用的是他们的目的、方法以及其对法律程序的描述,同时也引用这些法学家关于特定法律问题的观点。

随着注释法学家的影响衰落,一个新的学派——评议法学派(Commentators)[2]取代了它的统治地位。评议法学派的法律观点和他们研究、讲授法律的方式被称为"意大利式"(mos italicus)。评议法学派及"意大利式"之后是人文主义学派和"法国式"(mos gallicus),后来又产生了其他法学流派。在大陆法系历史发展的任何一个阶段,总有许多彼此对立的法律观点相互竞争,但往往有一种观点占据主导地位。现代大陆法系国家仍受历史上某一很有影响、理论严谨的学术思想流派的支配。我们把这种思想称为法律科学(legal science)。它是大陆法系历史渊源的第五大组成部分(居于罗马私法、教会法、商法、革命时代的思想影响之后),也是本书最后讨论的部分(虽然在第二十章我们将揣

---

〔1〕 指早期注释法学派,也称训诂家。——译者注

〔2〕 指晚期注释法学派。——译者注

测处于萌芽中的第六大亚传统）。

法律科学主要是由19世纪中、晚期的德国法学家创造的，由萨维尼的思想自然演化而来。如第四章所述，萨维尼坚持认为，德国的法典编纂不应当遵循以理性主义和世俗自然法为特征的法国的法典编纂，相反，一个完美的法律制度必须建立在德国历史上曾具有效力的法律原则之上。因此，法典编纂的首要步骤，是彻底研究德国法律秩序，以鉴别和正确表述其原则，并把它们归入一个逻辑严密的体系之中。

因为私法，尤其是我们所称的罗马私法，被认为是法律制度 62
的核心，所以，德国法学家就把他们的主要精力放在彻底研究和重新阐明罗马私法原则之上。这些罗马私法原则，既包括历史上为德国所完全继承的部分，也包括因增加了德国本土因素而修改了的那些原则。他们以查士丁尼的《学说汇纂》（德语称 Pandekten，源于拉丁语 Pandectae）为主要研究对象，因而被称为“潘德克顿派”。他们依据研究罗马法所发现的原则，撰写高度系统化的论述。在此以前，《学说汇纂》已经被人们系统地研究了几个世纪，但是，19世纪中叶的德国人使这项研究达到了最高和最为系统化的水平。影响重大的论文的出版、1896年颁行《德国民法典》（在德国1871年由俾斯麦完成统一的推动之下），标志着德国法学家的研究成果之顶峰。这些论文和《德国民法典》对整个大陆法系产生了深远的影响，而且某种程度上也影响了普通法系国家，在那里也有一阵子热衷于法律科学。由德国法学家创造的概念和方法被适用于其他部门法领域，包括公法和私法，并逐渐开始在法学领域中占据统治地位。尽管从萨维尼时代到现代，一直存在各种批评和非议，但是法律科学仍持续影响着大陆法系法学家们的思想，进而影响着其他法律从业者。

法律科学的概念建立在这样一个假设之上：法律材料（法典、

法规、习惯等)可以被当作自然发生的现象或数据,从对这些社会现象或材料的研究中,法学家能够发现其内在的法律原则及相互关系,正如物理学家从对物理数据的研究中发现自然规律一样。19 世纪一位杰出的德国法学家鲁道夫·索赫姆(Rudolph Sohm)说:"通过科学过程,人们可以发现那些并不直接包含在法律渊源中的原则,这类似于化学分析的方法。"在这种思想的启迪下,法学家们开始认真地、自觉地仿效自然科学家,采用科学方法,并寻求在科学家的行列中占有一席之地。(需要补充的是,19 世纪末期一些美国法学家的著作也是基于类似的构想,但不那么强调科学和科学方法,这类构想也仍在美国法学院中用来作为著名的案例教学法的一种佐证。)

63 如同自然科学一样,法律科学也具有高度的系统性。从法律数据中经科学研究得出的原则,以非常复杂的方式形成一个体系。以后发现新的原则,都必须归并到这个体系中去。如果新原则与体系不相适应,则有两种解决办法:或是调整体系以适应新的原则,或是修改新的原则以适应体系。由此,保留系统化的价值成为了批评和改良法律的重要考量。

这种对法律系统化价值的强调,往往会引起人们对定义和分类的极大兴趣。大量学术工作都是致力于发展和完善法律的定义和分类,然后,又以机械的、不加批判的方式讲授这些定义和分类。法律科学的构想一方面是从自然的法律数据的研究中科学地提炼出了定义和分类,另一方面是法律教育过程中普遍视之为权威并不加批判。这容易让人们认为,对概念和分类的定义体现了科学真理。定义不被看作那种传统的、只是因为在实际中有用才有效力的事物,它成了真理,是真实的存在。对某些法律领域(如商法、土地法等)的"独立",或具体法律制度的本质属性的问题,有着严肃的争论。法律被清晰地划分为界限分明的领域。公法和私法（下一章将更充分地论述）的区分被认为是固有的，明确可辨的。精确定义的法律词汇和公认的法律分类在法学院的课程安排、法学师资的教职设置、法律图书馆的书目编排、法学家论著的主题以及立法者的立法方法中都得到了反映。

由法律科学加之于法律制度的“秩序”，标志着系统性的巨大成就。大陆法系法学家为他们的法律架构和方法论深感自豪，也为法律科学对法律能以确定、有序并有效的方式进行陈述、阐释和实施所做的真正贡献而深感自豪。他们认为，法律程序中的每一环节都是系统化法学的功绩，普通法系因为缺乏这种系统化的法学而成为大陆法系法学家嘲笑它粗俗、不发达的口实之一。

由于法律的这一系统性重述的组成部分虽然在理论上是现 64
存的法律制度所固有的，但是它们并不以明确的、清晰的形式而存在；而且，由于法律秩序是一个由法律数据构成的整体，有待确定其固有的原则；因此，就需要创造新的概念来表述这些内容和原则。这些概念新奇，并在致力于法律科学的法学家的著作中地位突出，最终导致批评家们将这种学说称为“概念法学”（conceptual jurisprudence）。既然离开了概念就难以进行交流，因此，因为法律科学使用了这些概念就大张挞伐则难言公正。法律科学的特别之处在于：概念新颖（或赋予概念以新意）；强调概念的“正确性”，而不是其功能性效用；恰当地排列与运用概念被认为是法学家的专域；概念趋于高度抽象化。

在美国或英国的法学家看来，高度的抽象性——这种倾向削弱了事实——是法律科学最为突出的特征之一。法律科学家们所发展的原理抽离了其事实的和历史的语境，因此缺乏具体性。他们更热衷于发展和阐释理论的科学结构而非解决具体问题。在探求更为普遍的法律真理的过程中，在作出更抽象的表述的过程中，“偶然的”（accidental）的细节被放弃了。最终目的是要建立仅包含基本要素的普遍法律理论。

法律科学的研究是依据传统的形式逻辑方法进行的。法学家运用法律的原始材料,通过有时被称为“逻辑扩展”(logical expansion)的归纳推理过程,推导出更高层面和更具有普遍意义的原理。在进一步的推理中,这些原理自身又揭示了更具普遍性的原理,它们只是那些更为普遍的原理的具体表现,以此一步步类推。逻辑扩展推导出的原理,从较低的层面来看,是“调整同类案件或同类法律问题的规则”,从更高的层面来说,则是法官在解释法律时,处理法律空白问题必须加以采用的(见本书第七章)“国家法律秩序的一般原则”。虽然直觉和潜意识在人类活动中具有重要作用,却完全被这一推理过程排除在外,结果是马克斯·韦伯所称的“逻辑形式理性”(logically formal rationalism)。

65 最后,法律科学家们试图使法律科学纯粹化,他们有意识地把注意力集中在纯粹的法律现象及其意义上,例如,“确定性”在法律中的意义,而排除所有其他问题。诸如社会科学的理论、观点、材料等都被认为是与法律无关的(non - legal)而被排斥在外,甚至历史也因与法律无关而被排斥(这似乎与萨维尼及其追随者的历史法学派截然相反)。历史只是历史学家(包括法制史学家)而不是法律科学家的关注所在。法律科学家甚至对法律的终极目标——公平正义——也不感兴趣。这些也许是哲学家包括法哲学家分内的研究课题,但法律科学家只醉心于法律本身以及纯粹的法律价值。其结果是一种高度人为的学说体系,一种故意与外界、与文化的其余部分相隔绝的学说体系。

尽管法律科学家们寻求的是价值中立(value - free)和纯粹,但他们仍不免成为当时的意识形态的俘虏。法律科学家们创造性的工作产生于19世纪的欧洲,产生于被称为“19世纪欧洲自由主义”的思想氛围之中。与这种意识形态较为相关的方面之一就是强调个人和私权自治。私有财产和契约自由被视为基本制度，应尽可能少加限制。我们现在会认为那是极端的个人主义时代。那时的法律以罗马私法为核心，而罗马私法的基本内容则是财产法和契约法。法律科学家将其研究集中于民法的这一领域，他们最终产生的学说体系集中反映了其时代思想的核心假定与价值。在法律科学的大旗之下，他们把意识形态融于法律概念之中，并构建一个系统化、概念化的法律架构。直至今天，这个法学架构仍是大学法学院系的教授内容，并且它始终限制和支配着那些力求使这一架构永存不朽的法学家的思想，也为司法解释和法律、判例、法律交易的适用提供理论根据。总之，它支配着整个法律程序。但是，这些假定与价值又是隐藏在意识形态中立的外观之下，隐藏在对纯粹法律现象的科学研究之中。通过这种方式，欧洲系统化的法学吸收并永久维护了 19 世纪的自由主义，锁定了一系列选定的假定与价值，而将其他一切思想排斥在外。

因此，我们可以用以下术语概括那些构成了潘德克顿学派著 66
作特征的关于法的特别见解和假定，这些也构成了此处所称的法律科学：科学主义、系统建构、抽象化、概念主义、形式主义和纯粹主义。大陆法系多数法学家对这些特点是熟知的，大陆法系各国也一直存在不少与此不同的见解。这些反对意见有多种形式，而且自第二次世界大战之后，似乎在不断积聚力量。然而，法律科学至今仍具有强大的生命力；除了最先进的大陆法系国家外，法律科学的统治几乎未被扰动。它支配着法学院，渗透于法律书籍，因此生生不息。法学院的学生通常在低年级就被灌输这种法律科学，从没有想过要质疑它，法律科学的特征，以及其永久维护的这种法律制度，就是他们所知的一切。不过，法律科学也一直受到直接抨击和多方颠覆。批评者们试图引入具体问题，试图考虑直觉和潜意识，试图提供与法律无关的材料来促使法学对社会问题的关注,试图使法学家以社会经济目标作为他们有意识的追求。然而,大陆法系国家的大多数法律职业者,仍然是依照法律科学理论来形成其自身的法律观念。这些方面的问题我们将在后续章节中讨论。

虽然,在普通法系国家偶尔会看到法律科学所体现的这种思维方式的短暂趋势,但从未真正兴盛过。法律科学是法学家的创造物,带有精心构思的痕迹,而我们法官主导的法律与其根本不相容。普通法系的法官是实际问题的解决者,而不是理论家。大陆法系强调科学主义、系统建构和形式主义等,这妨碍了有效地解决问题。大陆法系国家还抑制法官在法律活动中的作用,拔高立法者和法学家的地位。与抽象化、形式主义和纯粹主义相对立的社会法学以及同科学主义和系统建构相对立的现实主义法学,都强调把重点放在司法程序上的重要性和复杂性。这两种法学在普通法系国家尤其在美国都是兴旺发达的。

应当承认,著名的案例教学法是美国法学家在德国法律科学的影响下创造的。创造这个方法的指导思想是:法院的判例是法的渊源,应当将之作为数据认真研究,以求从中得出法律原则,最
67 后整合为一个逻辑严密的体系。在美国,这种思想认识的最终成果是《法律重述》(the Restatement of the Law)(主要由法学家所作),它的出版受到了现实主义法学家彻底的、毁灭性的抨击。继此次打击后,法律科学在美国的声誉一落千丈,法律教育中的重点也发生了细微的变化。尽管判例仍被研究,但已不再作为法律科学研究的数据来研究,而被作为具体社会问题的实际记载和法律程序如何运作的有效例证来研究。

两大法系法学的基本区别,可以用德国法律科学家鲁道夫·索赫姆的另一句话来概括:“某条法律规则,既可通过研究它所包含的结果来创立,也可通过研究其预设的更为广泛的原则来实

现……两种方法中更重要的是后者。也就是说,通过给定的法律条文,我们可确定其预设的大前提……因此,这些法律条文通过纯粹的科学方法得到丰富和发展。”美国的现实主义法学家决不愿意把法律条文作为他们研究的主要课题,而且也不认为仅有这两种研究法律条文的方法。但是,假如仅有索赫姆所限定的方法的话,美国的大多数法学家、法官和律师会毫不犹豫地选择第一种,而大多数大陆法系的同行们仍然会选择第二种。

第十一章　民法的一般原理〔1〕

69　大陆法系中公认的基本法律分类是公法和私法。私法主要包含民法和商法两个部门。严格来说，民法（罗马私法的现代传承）仅包括人法（自然人和法人）、家庭法、继承法、物权法和债法。这与查士丁尼的《法学阶梯》和 19 世纪民法典的篇目大体相同。这些主题就普通法法学家看来各不相干，但大陆法系却坚信它们构成了法律原则和法律制度相互联系的严密体系，这种坚定的信念本身便是大陆法系的突出特点之一。大陆法系所运用的主要法律概念、法律的基本结构以及基本法律制度，无一不是直接从民法中提取的或类比民法发展而来的。法学研究方法的形成也是由于民法学家的努力。在民法领域中发展起来的系统化、概念化的结构，最终为其他所有法律部门所采用。人们至今还普遍认为，民法学家的任务是发展适用于整个法律制度的一般法学理论。虽然 20 世纪国家活动激增，公法不断发展，已动摇了这种态度，但仍未取而代之。民法仍然是基本法。对民法的研究是对其他部门法研究的前提，而民法是大陆法系法学家的思想发源地。

在民法的正式渊源（通常包含在民法典和补充立法中）之外，覆盖了一层主要从法学中推导而来的概念和原则。这些概念和

〔1〕 本章通过对大陆法系一位法学家的某一著作的分析，阐述大陆法系民法总则方面的有关理论。——译者注

原则以及它们所构成的体系，具有极为重要的学术权威（如本书第九章所述）。尽管许多概念和原则本身从未纳入实存的民法中，然而，在法律科学的影响下，它们被法学家们引入法律秩序之中，作为从实在法中以科学方法提炼出的普遍法律真理。

这些概念和原则所构成的上层建筑，典型地反映在三个彼此 70
不同而又紧密联系的方面：(1)1896年《德国民法典》和以它为范本的其他民法典中的总则；(2)一系列基本概念，法学家基于这些基本概念创造出极为复杂、深奥的一般法理；(3)作为初受法律教育的学生“法学入门”的内容。在受19世纪末德国法律科学的影响而制定或大范围修改民法典的国家，这三个方面趋于合一。虽然这些国家并不一定照抄《德国民法典》，但都尽力使本国的法典更为“科学化”。因此，民法典实现“科学化”的程度，决定着在实在法、公认的一般法理的基本要素，以及关于一般原理入门的民法课程和论文中所使用的概念和原则统一的程度。通常，在此意义上，实在法的“科学化”，远远不如法学家讲授或论述的“法”的“科学化”。

要了解大陆法系民法的“一般原理”，最好的办法就是考察一部多少具有代表性的民法教科书中的“总则”部分。为此，我们以一本在私法方面颇具权威的初级教材（这里且匿其名）中的“基本概念”和“总则”部分作为我们考察的实例。虽然这部著作与其他论述法国、德国或意大利民法的类似著作不尽一致，但其形式和基本概念对于我们所要描述的这类思想而言具有代表性。

这部著作开篇介绍了一些“基本概念”(preliminary notions)，首要的基本概念就是法律秩序(the legal order)，它指出：“如果没有一套规则来调整社会成员和负责执行规矩的个人之间的关系，社会生活就无秩序可言。”[2]这种认识适用于国家,那就是:“既应制定集中统一的调整公民之间的相互关系的规范,又要建立一系列组织和机构实施国家制定的规范。”(应当注意,这种法律秩序的定义仅指规则或规范及其实施的机构,而忽略了程序,这是一种典型的传统观念。法律秩序被看成是静态的。法律被看作是一整套既定的规则和机构,而不是认识和解决问题的过程。至于法律机构如何认识和解决具体问题以及怎样制定、解释和适用法律,都不在关注的范围之内,学说着重研究的是现存法律的实质性内容。)

作者在开始考察法律秩序的首要组成部分——法律规范——时指出:“法律规范是强制个人为或不为某种行为的命令。”(实际上并非一切法律规范都是命令,这个表述并不准确。有许多法律规范,尤其是私法规范,它们只是表述了某种事实状态的法律后果。例如,一个人无遗嘱死亡后,一半财产归于其子女。)许多法律规范,包括一切私法领域中的规范,不仅是要求或禁止为或不为一定行为,“而且也相应地赋予他人一种权利”。例如,一方面要求债务人偿还债务,另一方面给予债权人获得支付的权利,因此就有了客观法律和主观权利之间的分别。“客观法律是个人在行为时必须遵循的规则;主观权利是个人从法律规定中得到的权利。”客观法律可以区分为自然法和实在法,“我们的研究只针对实在法”。[自然法和实在法是两个很有意义、意识形态性很强的基本概念。前者指“主观权利”。在私法中,它是整个法律制度的核心,个人私权(如财产权、契约权、人身权和家庭权等)从而得以存在。而后者是“自然法”的对立物,它抛弃了任何

[2] 本章中引号内的内容为作者引用的他人著作;括号内的内容为作者对这一著作的评论。——译者注

外在于国家的规范体系,因为实在法的效力由国家决定。]

法律规范的效力不同于单纯的劝诫,如果不遵守法律规范将受到"由国家实施的制裁"。这种制裁的性质把法律规范同习惯、礼仪、宗教规范以及道德规范区别开来。违反非法律规范产生的后果则不同,它仅是社会舆论的谴责,良心的折磨。[强调制裁有很大的误导性。许多法律规范并没有明示或默示地威胁"由国家实施的制裁"。这种说法歪曲了法律现实,比如无遗嘱继承财产的规则,定义合同种类(销售、借贷、租赁等)的规则,说明法院对何种案件(民事或刑事、标的大小等)具有管辖权的规则,这里暂举三个例子]法律规范也是一般性的规范,它并非仅适用于特定 71
的个人,而是针对典型的"事实状态"。如"债务人不偿还债务,则负损害赔偿责任"。如果某种具体事实与这种典型状态相符合(如甲不向乙偿还债务),这时就发生法律规范所规定的法律后果(甲应向乙负损害赔偿责任)。(读者可以看到本书之前章节所阐明的关于司法作用的传统观点已经含有这种意思:法官一旦查明案件事实,就将它与法律规范中所规定的"典型事实状态"作比较,然后选择两者相吻合的法律规范,按规范所明示的后果进行判决。)运用这种"典型事实状态"所遇到的困难之一,就是抽象的法律规范适用于案件的具体事实有时"产生了违反正义的后果"。衡平权就是对这种法律规范加以变通适用的权力,它实现的是"个案正义"。但是,"法律秩序常常因法律确定性的要求而牺牲个案正义。因为人们认为,将法律秩序交付法官的主观评判是危险的,最好使个人事先了解他们必须遵行的法律规范以及不遵行规范将会带来的后果(法律确定性原则)"(见本书第八章)。

这就是作者对"基本概念"的说明,下面转而论述"一般理论"。作者首先将公法和私法划分开来:"前者规定国家组织和其他公法实体以及它们同公民之间的关系。在这些关系中,国家组织和公法实体处于支配公民的地位,而公民则处于隶属和服从的地位……私法调整公民之间的关系……与公法相反,私法的特征是各主体间的平等性(参见本书第十四章关于公法和私法的论述)。”此后的讨论仅仅限于私法。作者指出,私法规范有任意性和强制性两种。“前者可以由私人之间的契约或协议变更;后者是保护基本社会公益的规范,不能为私人修改。”

接着,作者对法的渊源,也就是法律规范的渊源作了论述,依次序排列为法律、法规和习惯(见本书第四章)。随之而来的是对
72 法律时间效力问题的讨论,即一项法律何时生效;废除法律效力的手段:不溯及既往的规定;制定法的修改对部分完成或持续进行的事实的效力等。然后,作者讨论了法律规范的解释问题(见本书第七章),最后简单论及“空间上的法律冲突”,说明在两个或更多国家的法律规范都可以适用时,何者应予优先的问题。

接下来,作者从法律规范转向对法律关系的论述。“人的关系可以是多种多样的。它们可以基于慈爱、感情、友谊、兴趣、交际、文艺爱好等而产生,每个人都本能地理解这些关系同另一种关系(如我同我的债务人的关系)的区别。后一种关系是由法律调整的,授予我获得债务清偿的权利(主观权利),同时对我的债务人施加履行债务的义务。所以,法律关系就是由法律调整的两个主体之间的关系。当我们提到那些缔结法律关系(如契约)的人们,我们就使用‘当事人’这一术语。与当事人概念相对的是第三人。一般来说,第三人就是处于法律关系以外的不受法律关系制约的个体。法律关系对第三人不产生有利或不利的效果,这是一个基本原则。”(这个原则有如此之多的例外,因此其有效性存在问题。实际上,在许多情况下,私人法律关系确实会影响到第三人的权益。这清晰地显示了民法一般理论夸大一般命题而忽视例外情况的趋势。这里,我们暂且不论这种概括的不准确性,

值得注意的是，关于第三人是否应当受私人法律关系的影响以及在什么情况下受到影响等有意义的问题，作者竟只字未提。传统的学术信念，特别是认为仅有狭义的法律思考对法学家们才有意义的信念，排除了对这些问题的讨论。"法律关系不涉及第三人"这一命题，被视为科学研究的成果。这一命题并没有明确表达某种规范性的判断，然而，法律科学的目的和方法及其理论的权威性使它产生了规范性的效果。对于"是"[3]和"应当"[4]这两种不同的措辞，这一命题错误地使用了"是"，回避了对"应当"的讨论，并且蕴含了一种规范性判断，即原本是误用的"是"成为了值得追求的规则。)

一般来说，"主观权利"是用以表明在私法领域内的法律关系 73
中受益的个人所享有的合法权益。"规范所追求的最终目标，是使一般权益得到保护。然而，在多数情况下(这是私法的规律)，这种观念认为，实现这一最终目标的最好办法，是促使人们追求个人利益，调动个人的积极性。法律秩序承认个人的利益并促进个人目的的实现，所以，'主观权利'可以解释为个人的基本意愿，即个人为满足自己受法律保护的利益而行为的权利。"[这里，我们再次遇到了私法领域中"主观权利"的极端重要性的问题。此外，关于"基本意愿"，学术界长期存在大量争论。有些人认为，私法上权利的创立以及私法义务的设定，仅需要相关当事人之间的明确合意。他们力图找出私人法律关系的最终渊源，最后在个人目的或意志中求得了答案。"意志说"和法律关系不涉及第三人的原则(我们在前面已作了批评)，在逻辑上是互相联系的。如果个人意志或意图被理解为法律上义务的真正泉源，那么，就可以

[3] 原文是"is"，指存在的事实状态。——译者注
[4] 原文是"ought"，指规范性状态。——译者注

这样说,一个未曾表示缔结法律关系意思的人(法律关系当事人之外的人),就既不受法律关系中义务的约束,也不能对该法律关系主张权利(契约当事人之所以受契约的约束,是因为他们自愿订立了契约)。但是,如果放弃“意志说”,而认为由法律关系所产生的权利义务的真正源泉是实在的法律秩序本身,那么,第三人无涉于法律关系的原则就未必成其为原则,相应的,甚至未必符合逻辑。这时,第三人是否受到当事人设定的法律关系的影响以及在何种情况下受到这种影响,则可以较自由地选择一种更为折衷的办法来决定,但作者没有论及这一点。]

法律并不要求主观权利的享有者对其在行使权利时给他人造成的损害负赔偿责任,除非他滥用了权利。(之前对第三人不受私人法律关系影响的规则的批评适用于该原则的一个解释。如果这个原则有什么意义的话,也很不准确,而且它实际上包含了一系列作者从未讨论的价值判断。试问,只要不“滥用”权利,
74 权利享有者就真的可以自由行使权利而去损害他人利益吗?为什么?另外,我们可以说这一命题不过是一种同义反复。如果我们说,主观权利的享有人只有在滥用权利时才对他人承担责任,那么也就是说,除了需要为行使权利承担责任的情况之外,他都不为行使权利而承担任何责任。)在某些国家,如法国,法院用一般的法学学说解释“滥用权利”;另一些国家则认为,“把界定主观权利的范围问题交付于法官所运用的随意且多变的标准来决断”是危险的。为了实现法的“确定性”,法官的权力只限于立法所预先设定的那些情形(如本书第八章中的描述,在此我们再度观察到了对“确定性”的倚重以及对将自由裁量权授予法官的顾虑)。

“主观权利”首要和基本的分类是“绝对权”和“相对权”。前者保障权利人拥有可以对抗所有其他人的权利:后者则只是赋予权利人对抗一个或数个特定人的权利。典型的绝对权是“物权”,

即对某物的权利。这是对权利人赋予对某物的自主权,包括权利人完全的自主权(所有权)或有限的自主权(他物权)。在物权中,人对物的直接关系清楚地显露出来,同时,无须他人合作便可有效行使权利。其他主体不得干预此种自主权的和平行使。在债的法律关系中(此时仅涉及相对权),有义务作出特定行为的另一方之行为具有最重要的意义。相对权的范畴与债权一致(与"对物权"相对,债权也称为"对人权");绝对权不仅包括物权,而且含有所谓的"人格权"(姓名权、肖像权等)。无论债权抑或物权的另一面都是一种义务:物权有消极的不作为义务;债权中则是一个或数个特定人的义务(更确切地说是债务)。

"当主体取得主观权利时,法律关系就成立了。权利的取得,意味着某人同某项权利发生关联,成为其权利人。从本质上说,主观权利可以成为个人遗产的一部分。权利取得有两种途径:第一,原始取得,即主观权利并非从他人手中移转而产生;第二,继 75
受取得,即权利由一人移转于他人。在继受取得中,我们可以看到这样的现象:属于某人的权利转为他人所有,这称为权利的'承继'。它表明法律关系的主体发生了变化,新的主体享有与原权利主体相同的权利以及从中派生出来的权利。这就证明了下列规则:(1)新的权利所有人不能行使大于原权利所有人所拥有的权利;(2)新的权利的有效性和效力取决于原来权利的有效性和效力。"(上述"规则"有许多限定性条件和例外,它们能否作为规则使用是值得怀疑的。在任何法律制度中,都存在受让人得到的权利可能多于或少于出让人享有的权利的情况;而新的权利的有效性和效力可能也取决于原权利的有效性和效力之外的其他因素。而且,这些"规则"体现了对各种隐蔽问题的规范性判断,这已是常态。)

作者接着论述了"法律关系的主体",探讨了自然人和法人

(如公司、基金会等)的法律特征。然后,在“法律关系的客体”的标题下,谈到了物的法律概念(有形物和无形物、动产和不动产、可替代物和不可替代物、可分物和不可分物以及耗损物和非耗损物等)。

以主观权利和主观义务为代表,作者讨论了私法中法律关系的基本特点,继而将论题转向民法学说中最值得炫耀的成就——意思表示法律行为(juridical act)。[它是我们在本书第十章中阐述过的法律科学的目的和方法的典型产物。相关论著填满了一座座的图书馆。有些国家的民法中使用了这个概念(如《德国民法典》,称为 Rechtsgeschaft)。在其他大陆法系国家,则仅存在于学说之中。但是在任何大陆法系国家,它都有两大作用:其一,作为系统性重建法学家们所创造与维系的法律秩序的中心概念;其二,与主观权利概念一起共同构成主张和维护法律中个人自治作用的工具。]

意思表示法律行为概念是以“法律事实”这一概念为基础的。我们记得,法律规范中包含着对一种典型的事实状态及其法律后
76 果的陈述。如果与典型事实状态相吻合的具体事实发生,那么,法律后果就随之出现。法律事实是一个事件(如人的出生或死亡、契约的订立或废除等)。这个事件同典型的事实状态相吻合,因而就带来一定的法律后果。它是与法律有关的事实,有别于那些无任何法律意义的事件。法律事实包括了“与人的意愿无关而自然发生的事实(如人因疾病或地震而死亡等),以及人们有意且自愿进行的行为”。因此,法律事实分为两种:“严格意义上的法律事实”(纯粹的法律事实)和有意的、自愿的法律行为。

“法律行为分为两大类:一是符合法律秩序要求的行为(合法行为);二是违反法律义务、损害他人主观权利的行为(违法行为)。合法行为又分为‘实施行为’和‘宣告行为’,前者包含了对

外部世界的改变(如实行占有、修造船只等);后者是针对向他人传达某人的想法、内心活动,或意图的行为。旨在传达人的思想或内心活动的行为叫做‘告知’(如通知);旨在传达某人意图的行为构成了意思表示法律行为。”后者历来是法学界精心研究的重要课题。至于被称为“严格意义上的法律行为”(legal acts in the strict sense)的其他行为,我们可以确定的似乎只有一点:意思表示法律行为的那些原则对它们不适用。一般来说,严格意义上的法律行为,是指行为具有某种意向和打算,但并没有使之发生法律效果的意图,而法律秩序却自动地为这种行为的履行附加了法律效果。例如,如果某人以书面形式明确宣布他是一个非婚生子的父亲,那么,这个非婚生子就可根据民法规定而得到抚养费,即使宣告者丝毫没有通过宣告行为授予非婚生子此种权利的意图。

“在法律行为中,意思表示法律行为具有最重要意义。实际上,它是对法律活动最完满、最有力的表述。[5] 要正确理解意思表示法律行为的概念,需要进一步举实例加以说明。例如,遗嘱人意图产生遗产在遗嘱继承人中分配的法律后果;契约当事人意图产生通过出售某物的所有权来换取价金的法律后果,等等。这 77
样,我们就很容易理解主流学说对‘意思表示法律行为’所下的定义:意思表示法律行为是旨在发生法律秩序所确定保护的一定法律效果的意思表示。而正是这种指向法律后果的意图构成了意思表示法律行为的特征要素,并把意思表示法律行为与严格意义

〔5〕 文中的legal acts包含juridical act和legal acts in the strict sense,juridical act强调行为人有产生相应法律后果的意图,译为“意思表示法律行为”,而legal acts in the strict sense则不论行为人是否有此意图,都直接由法律规定行为后果,在此译为“严格意义上的法律行为”,legal acts仍译为“法律行为”。——译者注

上的法律行为区别开来。正如我们前面所说那样,严格意义上的法律行为虽然也是自愿的有意行为,但其结果的发生并不依赖于行为人为实现一定法律后果所作的意思表示。当事人意图的法律后果受法律秩序的承认和保护——这也将意思表示法律行为与违法行为——违反法律秩序所规定的义务的行为——区别开来。意思表示法律行为是法学家通过对特殊法律概念(如契约、遗嘱等)的研究而得出的一般性法律概念。这些特殊概念反映出共同的特征,其中最基本的特征是'私法自治',亦即法律承认个人有权处分自己的利益。然而,这种权利并不是无限制的,权利主体进行一定的法律行为必须遵守法律秩序的规定。法律秩序对于各种法律行为规定了一系列义务和限制。例如,转让不动产所有权的契约必须采用书面形式。总之,主导行为的意图必须被认为值得由法律秩序提供保护。对意思表示法律行为的一般理论进行研究很重要。既然法律秩序承认个人在私法领域中可以按自己的意志处分其权益,因此,大部分法律活动都是由意思表示法律行为构成的。"

上面一段说明了法律科学的几个特征:(1)强调传统学说中"私"法行为及其所产生的"私"法关系;(2)学说的经验主义立场("法律行为是法学家研究特殊法律概念所得出的一般法律概念");(3)学说远离对具体问题的探讨。例如,人们如何确定一个具体行为被认为或者应当被认为"值得由法律秩序提供保护"?谁来作决定,以什么标准决定?以何种法律程序对私法自治加以限制?

78 作者接着叙述了意思表示法律行为的各种形式(单方行为和多方行为;生前行为和死后行为;有偿行为和无偿行为,等等)。然后,对意思表示法律行为的要素进行了广泛的讨论。"意思表示法律行为的要素分为:(1)'基本要素',即没有这种要素,则行为无效;(2)‘附加要素’,即当事人可以自由设定的要素。基本要素如果适用于一切意思表示法律行为,就称为一般要素(如意图与约因);如果适用于特殊的意思表示法律行为,则称为特殊要素(例如,在买卖行为中,除了意图与约因外,标的物和价格也是基本要素)。”继而,作者论述了一般基本要素(意图和约因)和一般附加要素(条件、期限、方式)。最后还谈到了意思表示法律行为的解释、效力以及可撤销法律行为和无效法律行为的后果。

该教材的总则部分最后简要地探讨了主观权利的司法保护和民事诉讼中法律事实的证据问题。整个总则部分有236页,占全书的1/4以上,其中有100多页探讨意思表示法律行为。总则部分不讨论特殊权利和特殊法律制度。其过程是从更一般和更抽象到较特殊但仍然抽象。本书中关于具体权利和具体法律制度的讨论是在总则中建立的概念性结构中进行的,而且更重要的是,这部分讨论的风格与总则相同。强调定义的广泛性、概念之间区别的明确性以及一般原则的普遍性,却没有对概念的定义、区别、原则进行实际验证。把这种概念性结构传授给法律职业者,就是要求他们用具体的事实来套用这种概念性结构。这种趋势是使法律规则不受特殊情况的影响,以维护法律的完善和稳定。

可见,总则部分的法律就是理论上的法律,完全出自法学家的创造。如果我们在某一大陆法系国家(如德国),在现存的制定法中看到有总则部分,那么这是因为,立法者已选择将这些学说变为法律规范。《德国民法典》以前的其他民法典当然就没有包含类似的总则部分,但是即使那些以《德国民法典》为范本的国家,一般也强调把法学家的科研工作同立法者的立法工作正式区分开来。因此,大多数现代民法典都只是反映而非明确体现这里所描述的一般学说的模式。然而,颁布、解释和适用民法典的立 79

法者和法律职业者,通常都受到这种学说模式的熏陶。对他们来说,这种学说模式是基本的、明确的和真实的。这种概念结构以及关于法律和法律程序固有的未阐明的假设,构成了一种盘旋在实在的法律秩序之上的"课堂法",并且深深地影响着律师、立法者、司法行政官员和法官的思维方式和工作方式。

从总体上看,试图将一种类似的实在法的基本因素的系统性重建引入普通法国家的尝试已经失败。19 世纪末,英美法学家曾力图模仿德国法律科学。例如,哈佛大学法学院 19 世纪 70 年代引入的判例教学法就是部分以法律科学的假设为其基础的。20 世纪初,英美分析法学家进行了一系列类似于大陆法学的法学研究。此后,在英美法系国家,此种分析法学不时有复苏的迹象。被称作"法律重述"的宏大计划始于 20 世纪 20 年代。此项工作由一批具有影响力的美国大学法学院的教授发起和参加。此种尝试与以本章所讨论的总则部分为代表的大陆法系法学学说有共通之处。但是,也有许多抵制大陆法系的反面影响。例如,社会法学派和实在法学派的冲击;法学家及其论著的次要角色;问题解决式法官的统治地位以及美国法学教育的不同方式和目的等。英美众多深思熟虑的法学家认识到了秩序和系统的价值。他们至少有时会期盼在我们的法律中引入类似程度的秩序。另外,他们中间的大多数人又认为,这样做的代价太过高昂,他们担心此种秩序将过多地牺牲适应复杂、多变的社会需要的敏感性。即使有人愿意付出这样的代价,他们也缺乏在法律制度中构建一个理论体系所必需的权力。他们不过是教授学者,而主宰我们法律秩序的仍然是法官。

第十二章　法律活动[1]

本章我们将讨论大陆法系法律活动的主体以及他们的职能 80
分工，了解形成这种分工的原因。研究这些问题是相当复杂的，因为得到公认和不断重复的关于法律活动的观念是一回事，实际中所进行的法律活动又是另一回事。广为接受的流行传说，源于革命思想形态和法律科学的教条，它们对人们的行为产生了重大影响，但并不能确切地反映人们的实际活动。

人们通常认为，法学家们创造了法律制度的基本思想。通过发现和组织基本的客观法律真理（法律活动其他的基本要素则建立在这些法律真理之上），他们不断推动法律科学的发展。法学家将其研究成果以著作和论文的方式发表，称为“学说”（the doctrine），并将这些学说的基本原理教授给大学生。学说是法律制度的基础，被认为是客观陈述的科学真理。在实际生活中，学说不是生效的法律，而且实际上法学家认为关注诸如法律这类事情会分散注意力。法学家认为，他们的职责既非制定法律（制定法律不同于起草法典或其他系统性的法律），也不是裁决案件。他们担心卷入这些活动会丧失客观性和洞察力，而且还要浪费他们大量的时间，这些时间应当用于更基本也更有价值的工作上。出

---

〔1〕 本章原文的标题为“Legal Process”，直译应为“法律程序”。为避免与“审判程序”“诉讼程序”相混淆，我们按文中内容译为“法律活动”。——译者注

于大同小异的原因,他们坚信,应该避免关注社会、经济、政治和其他非法学的问题,也不坚持某种特定的正义理论,这很重要。他们认为,一名纯粹的科学家不应受除了真理之外的任何意识形态或目标的约束,以此与立法者和法官相区别,在他们看来,立法者和法官充其量只是工程师而已。

立法者代表人民的意志,在实际政治生活中运作,因此他们
81 负有不同的特殊职责。他们必须把经济上和社会上的要求与立法活动联系起来,制定出反映人民需求和愿望的法律。但在制定法律的同时,他们也绝不能漠视法律科学家提供的基本真理。立法者不仅将从现有的法律学说中,而且将(在法学家的帮助下)从以往立法者所制定的系统性法律规范尤其是基本法典中发现真理。因此,新的立法应当采用学者创制的概念和结构,遵循学者所建立的并体现在先前系统性立法中的体制。立法者的基本作用,就是按照实际需要补充法典,完善以往制定的法律,其中包括法律科学家们在不断的研究工作中发现的有缺陷的法典。立法机关遵循学者的指导,就能避免立法含混和不完整的危险,从而制定出系统化的、(以法律科学的标准来看)有效的法律。法律科学家们批评立法,但这种批评并不基于立法所可能产生的社会和经济影响,他们所探讨的是立法同法律科学的原则是否保持了一致、法典起草的质量如何以及与既定的概念体系之间的相容性等这些问题。

流行观念认为,法官只是法律科学家所设计、立法者所制造的法律机器的操作者,而且我们确实看到,大陆法系国家的文献中一般都将法官称为“法律的操作者”。在审判案件时,法官从案件的原始材料中提取有关事实,并赋予法律意义,然后对这些事实适用适当的法律规定。只要法学家和立法者都各尽其责,那么留给法官的任务就非常单纯,只会有一种正确的解决方案,丝毫

没有审判上自由裁量的余地。如果法官在寻找可适用的法律规定或在针对案件事实进行解释和适用法律时感到困难，那么一定是下列人员之一出了问题，而不可能有其他解释：(1)法官不知如何依照明确的法律规定审理案件；(2)立法者没有制定出明晰可用的法律；(3)法律科学家未能发现和纠正法律科学中的缺陷，或者没有正确地指导立法者或法官怎样起草或适用法律。如果每个人都各尽其责，那么法官在寻找、解释和适用法律上就不会有什么困难。困难的案件是罕见的，应被作为病态的例外对待，人们并不认为其存在有损于法律活动运作模式的普遍效力。一旦 82
出现这种病态的案件，就要求法学家立即进行研究，以便为立法者提出补救意见。因此，只要法律制度尚不是完美无缺的，就必然需要对某些法律解释和适用问题进行学术讨论，而当立法机关的行动缓不济急时，法官就应该而且确实受到学说解释的影响。

萦绕于全部法律活动之中的深层担忧是法律的“确定性”问题。法学家们试图通过使法律系统化来加强这种“确定性”。“确定性”要求立法机关完整、准确、清晰地表述法律，而且法律只能由立法机关统一制定；法官在解释和适用法律时受制于确定性的要求，先前的司法判例不是“法律”。在疑难案件中，法官也无权动摇法律的僵硬规则。一切非法律因素都不符合“确定性”要求，均应排除在法律之外。基于同一理由，公平正义的要求和法律的其他目的也必须排除。出现疑难案件、不公正或不切实际的判决令人遗憾，但是为了保证法律的“确定性”，而不得不付出这种代价。

尽管有些夸张，但这就是大陆法系国家中关于法律活动的流行观念。在法律活动中有许多参与者信仰这种模式，并努力以此行事，但在实践中仍有许多与理论脱节的情况，最多的就是，法律科学并不只有一种声音。对于法律结构的基本问题、对于某个具体的立法规定或具体的司法判决的利弊得失等问题,不同的法学流派之间经常发生激烈争论。事实上,在大陆法系国家的学术共同体中,我们任何时候都可以发现对大多数法律问题五花八门的见解。甚至在纯粹法律科学这一相对统一的传统中,略作考察也会发现,那些被认为具有客观性的基本命题,实际上隐含着相当重要的价值判断。一个多世纪以来,左派法学家不断尖锐地抨击欧洲法律科学的意识形态偏见。他们认为,19 世纪和 20 世纪在大陆法系国家出现的很多所谓价值中立的法律学术,不过是对 19 世纪资产阶级自由主义制度与价值的某种辩解。

83 虽然立法机关试图制定出明确的系统化法律,以便适应一切可能发生的情况,但是立法实践远远不能实现这一目标。因此,法官就要做许多法律解释的工作。法官在审判实践中经常遇到棘手的问题,但是可以适用的法律却往往失之笼统而不能奏效;法律规定常常含混不清或在适用上存在冲突,或者立法机关显然没能预见到法官现在所处理的问题。在大陆法系国家,因为法官对具有管辖权的案件必须作出判决,不得借口法律规定的含混不清而拒绝裁判,因此法官需要不断地创制法律。一方面缺乏立法的指导,另一方面又要求法官无论遇到什么案件都必须作出判决,他们就只好随机应变。法官或许试图表明其判决是如何符合逻辑地从立法规定的原则中推演而来。然而,即使法官认为确实如此,他们仍然是在创制法律。在那些有着古老法典的国家,这种法官造法的累积效应尤为明显。例如,在法国,《拿破仑法典》仍然有效,但侵权法却几乎是司法判例的产物,这些司法判例是根据法典中几条非常概括的规定发展起来的。

由于高级法院和部分下级法院的判例定期汇编和出版(尽管这些判例往往是删减版本,常常缺乏我们所熟悉的司法意见中的那种完整的事实说明)以及法院在此后的案件中引用这些判例,这两方面的结合进一步加深了法官创制法律的影响。如果一个律师从司法判例汇编中找到解释相关法律的判例,那么他要解决的困难的法律问题就容易多了。对于法官来说也是如此。当然,至少从理论上说,法官可以任意忽视他认为是错误的判例。但事实上,如果判例是司法审级的上级法院所作,那么他们很可能遵循该判例,即使对其正确性持有异议,因为他并不希望自己所作的判决被上级法院撤销。如果判例系最高上诉法院或与之相等的司法机关所作(设立这种法院的历史性功能之一就是为成文法提供最终的权威性解释),那么下级法院的法官很可能遵循这些判例。在传说中,法官之所以援引和服从判例,是因为判例与他自己对法律解释和适用的见解相一致。但事实上法官遵从判例的原因与法律活动的主流模式并不一致。

大陆法系传统中发展起来的法律活动模式与人员和制度的 84
实际运作之间的差距,在大陆法系国家已受到广泛关注。虽然有大量的学术精力和创造性被用于否认这种差距,但越来越多的法学家、立法者和法官已经在反对传统的法律活动模式。大陆法系国家虽未产生像美国那样由法律实证主义所引起的激烈的法学思想革命(应该注意,斯堪的纳维亚国家也有类似情况),但指责传统模式有失公正、公众对法律制度的不满和社会和经济发展受阻的呼声却越来越高;人们逐渐开始怀疑传统的、以学说为导向的法学教育制度及其产物是否适应社会生活中的公共和私人事务的审判过程;那些以纯粹法律科学传统来工作的法学家设计令人满意的“法律机器”的能力也受到了怀疑;立法一贯正确的信条已发生根本的动摇;司法的功能稳步增长;世界上其他地方的法学家也在反省:在革命时代的法国和 19 世纪的德国这些特定历史条件下所产生的法律活动的思想是否必然适合于其他时代的其他国家。流行观念显然正在失去权威,但它仍将占据思想领域,直到某种得到公认的逻辑一致的法律活动新观念取代它。它仍是残留的法律活动模式,即使是认识到这种模式不起作用的法学家,也是将更多的精力投入到完善其基本设计之中,而不是设法创造一种更好的新模式。

新模式不能产生的原因之一,或许是它将对法学家在法律活动中的长期统治地位构成潜在威胁。虽然暗示学者之间存在某种勾结可能是奇谈怪论,但事实上,我们在本章所论述的这种法律活动模式正是由法学家们所创造并欣然维护的。在大陆法系国家,引入功利法学、法律现实主义、法社会学、法经济学和法律与政策分析(这里提到的是对传统模式的几次持续攻击)遭遇到
85 了阻力。这些思想流派并没有被忽略,但它们对法律意识尚未形成深刻影响。所有这些流派都要求跨学科分析,要求重新评价法官的社会角色,质疑大陆法系传统中的许多前提假设。但是,努力推动这些思想的学者发现,法学院是难以攻克的坚固堡垒,具有传统思想的法学家们顽固不化且有些闭目塞听。不过,大陆法系中仍然不乏富有创新精神之人,最后的成败言之尚早。我们将在最后两章再次讨论这一主题。

第十三章　法院系统

典型的普通法系国家有一个统一的法院系统。这个系统犹 86
如金字塔,单一的最高法院位于塔顶。无论金字塔下部有多少不同种类的法院,也不论管辖权如何分配,至少每个案件都潜在地受制于最高法院的终审审查。刑事案件的判决,当事人之间就交通事故或合同纠纷发生的私人诉讼,宪法权利的争论,公民对行政行为合法性提出的申诉,以及对行政法庭赔偿裁决的上诉等——所有这些都可以由同一个上级法院审查。我们很自然地认为,不仅是听审和最终裁决大量的民事和刑事上诉案件,而且行政行为是否合法、立法行为是否合宪也应该由单一的最高法院来审查。

然而,在大陆法系国家中,情况却与此大不相同。大陆法系国家通常具有两个或更多的独立法院体系,它们各自都有其司法管辖权、审级、法官和程序制度,同时并存于同一个国家之中。一个案件若属于某一系统的法院管辖,则其他法院系统不再考虑行使管辖权,无论是初审还是上诉审。如果说典型的普通法系司法制度如同一座金字塔,那么,典型的大陆法系司法制度则必须被视为两栋或更多的独立建筑物。

大陆法系法院系统中,最重要同时也是普通公民在日常生活中最容易接触的是所谓的“普通法院”(ordinary court)。这种法院,由普通法官任职,审理和判决多种刑事、民事案件。它们是共同法时代存在于欧洲的多种市民法院的现代继承者,也曾是革命时期司法改革的目标之一。人们所说的大陆法系法官,通常就是指这些普通法官。分权理论中所涉及的“司法权”也就是指普通
87 司法机关的司法权。最初,普通法官的主要任务,是对基本法典的解释和适用。随着现代民族国家的兴起,国家从教会、地方和私人手里夺回了司法管辖权,并使之“国家化”,于是,普通法院就成为国家垄断司法管辖权的主要工具。立法机关垄断整个国家的立法活动,普通司法机关则垄断整个国家的审判活动。

普通法院的管辖权(如今天的法国普通法院的管辖权),实际上是由许多有着独立的历史起源的管辖权合成的,其核心是共同法时代的地方法院所裁判的案件。那时,地方法院负责审理普通的非宗教刑事、民事案件。后来,随着教会法庭的民事审判权的逐步缩小,直至最终消失,它先前拥有的审判权就被地方民事法院吸收。同时,最初商人为解决他们之间的争讼所建立的商事法院,最后也被国家统一归并到普通司法体系中。在法国以及其他少数几个国家中,初审层级仍保留了独立的商事法院,但它与普通法院都归同一个上诉审法院管辖。在另外一些国家(如意大利)中,这种演化则更进一步,商事案件在每个审级都归普通法院管辖,独立的商事法院已不复存在。

在法国以及采用法国模式的国家中,普通法院体系的顶端是最高上诉法院。如前所述,该机构起源于非司法性的裁判庭,创设它是为了对普通法官呈交给它的法律解释问题提供权威性的回复。尽管这个非司法性的裁判庭今天已成为普通法院系统中的最高法院,但它的实际审判权仍带有其原始的痕迹。例如,意大利的最高上诉法院仅审理有关“法律的解释和适用”的问题,因此,诉讼当事人只有对下级法院在法律、法规或习惯的解释和适用上产生的问题提出他的异议时,该案才可能得到最高上诉法院

的审理。至于下级法院错误地解释或适用合同、遗嘱、法人章程等方面的争议,并不被认为是“法律”解释问题(尽管这些问题常常容易转化为“法律”解释问题),因此不能在最高上诉法院提出。对案件事实的争议也被排除在外。唯一允许的问题是法律问题。

进一步地看,最高上诉法院裁决的仅仅是提交给它的法律问 88
题,而不是案件。如果它认为下级法院的解释是正确的,就予以肯定;如果它认为下级法院错误地解释了法律,就告知什么是正确的解释,并撤销原判决,命令原审法院(或同审级的其他法院)重审案件。

因此,典型的大陆法系国家的普通法院的管辖权实际上集中了多种司法管辖权,包括共同法时代的民事法院、教会法院、商事法院以及法国革命后为解决法律解释问题而设立的特别法庭。对于民事(非刑事)案件,普通法院适用民法典、商法典以及对于这些法典的补充性立法。这类案件的审理程序,由民事诉讼法典规定。刑事案件适用刑法典及其补充性立法,刑事诉讼程序则依据刑事诉讼法典。普通法院也经常大量适用这五大法典及其增补法规以外的许多法律规范。但是,总的来看,普通法院的权限与五大基本法典在功能上仍是对等的。

典型的大陆法系国家还有一个完全分立并拥有独立司法权的行政法院体系。创设行政法院的基本依据也是革命时期的分权理论。革命时期,对法国革命前的司法权(普通司法权)进行抨击的理由之一,就是法官以多种方式错误地干涉政府的行政行为。在英国,法院享有训令权(迫使官员履行法定职责)和质询权(质询政府官员履职行为的合法性)。相反,在法国,革命的目标之一却是剥夺普通法官审查行政行为是否合法的权力以及控制政府官员行政行为的权力。正如立法权与司法权的分立完全否

法国最高行政法院

法国最高的行政司法机关。审理的案件经过一审以及上诉审，进入终审法院。它并不重审案件事实，只审查程序性规定及法律在原审中是否得到有效适用。但最高行政法院也可以管辖一审或终审案件，即审查法令及政府规范性行为的案件，或者针对行政实体提起的诉讼。

定了法官对立法活动的干涉一样,行政权同司法权的分立也完全排除了法官干涉行政行为的可能。

89 立法是最高法律渊源的这一理念表明不存在固有的行政权。行政机关只能在立法者为其规定的权限范围内行事。因此,立法机关有权对行政机关任一行为是否合法进行审查,而且需要某个司法机关之外的机构(因为分权原则排除了司法机关)来监督行政活动是否合法。在法国,行政院[1](the Council of State)起到

[1] 拿破仑统治时期所建立的行政机构。我国译法不一,有译为国务院,有译为参事厅。——译者注

了这种作用。行政院最初是国王的咨询机关，以后逐步演变为政府的中央行政机关，其权力范围也由行政管理权扩大到审理和裁决对行政行为的合法性提出的申诉。行政院中固定实施这种权力的机构，很快就具备了司法机关的性质。它有自己的诉讼程序和救济措施，并基于少量的成文法发展出了大量的判例法，这些判例定期出版，可备律师利用。行政院的"地标性判例"(Landmark decisions，les grands arrèts)是法国行政法的主要渊源之一。不少国家(包括比利时和意大利)都仿效法国，赋予它们国家的行政院以相似的行政司法权；而另一些国家(如德国、奥地利)，则设立了具有类似性质的行政法院。

从理论上说，普通法院和行政法院的管辖权是互相分立和排斥的。一个案件或由此法院受理，或由彼法院受理，但绝不会由两个法院同时受理。然而，偶尔也会有疑难案件出现。比如，案件已交由行政法院受理，被告人却主张该案应属普通法院管辖。在如何划分管辖权的问题上，虽然法学家和立法者竭尽其能，但仍未创造出简易可行、准确无误的标准，因此问题得靠诉讼来解决。在欧洲，关于解决这个问题的程序，有三种具有指导意义的方法：(1)意大利的最高上诉法院是裁决普通法院和行政法院之间管辖争议的最终权威；(2)法国有关司法管辖争议的问题最终是由一个被称为"冲突法庭"(Conflicts Tribunal)的特殊法院解决；(3)在德国，管辖权问题由审理案件的法院自己决定，其判决可以在该法院体系内上诉，但不受进一步审查。

第二次世界大战后，德国和意大利制定了刚性宪法，并需要创造审查立法是否合宪的方法。违宪的判决应当对其他政府机 90
构以及其后的案件都具有约束力(也就是说具有绝对约束力)。显然，审查立法合宪性的权力不能由司法机关(普通法院系统)来行使，因为这样做将会违背分权原则和立法至上的原则。因此，建立独立的司法组织以审查行政行为合法性的理念,导致了德国和意大利设立独立的宪法法院进行违宪审查。虽然大陆法系国家的教条主义法学家偶尔还坚持认为这种法院不是真正的法院,它的组成人员也不是真正的法官(按照正统的说法,法院和法官仅仅是解释和适用立法机关制定的法律),但是这种观点已让步于另一种较为宽容的理论,这种理论认为行政法院也是法院,而履行审判职责的官员也是法官。权力分立原则和大陆法系关于司法功能的传统形象继续适用于普通司法机构的工作,而独立的行政和宪法法院并不被认为违反了这一原则。

因此,大陆法系国家都普遍存在数个法院系统,发挥着美国或其他普通法系国家的统一司法体系所具有的作用。但是,拉丁美洲的一些国家由于在争取独立时深受美国革命和美国公法的影响,也建立了统一的司法系统,其模式各国不同。同时,存在统一司法系统的地方,还普遍反映出这样一种现象:北美(主要指美国)的模式从根本上影响了拉丁美洲的公法,但它对拉丁美洲各国私法的影响却微乎其微。不过,拉丁美洲的统一司法管辖权下的最高法院从未获得北美模式下的威望,也从未行使过那种权力,或者直到最近才获得了这种威望和权力。我们将在后面的章节中阐释其原因。

第十四章　法律的分类

显而易见,法律可以以不同的方式分类以实现各种功能。同 91
样显而易见(虽然证明较为困难),法律的任何分类都必然塑造法律制度。划分法律的常规方法,成了法律自身的一部分,影响着法律制定和适用的方式。因此,法律划分和归类的方式将对下列问题产生影响:(1)特征描述,即一个问题从法律上看究竟属于什么性质;(2)法律教育:即将什么课程作为法学院的科目;(3)法学研究,即法学家们的典型专业领域是什么;(4)图书编目,即法学著作应如何归类;(5)法典编纂,即什么构成法典编纂的适当领域;(6)法学著作的撰写和出版,即一部法学著作或一种期刊所涉及的法律内容是什么;(7)法学家间的学术交往。大陆法系中普遍采用的法律划分和归类的方法,同普通法系所习惯的大不相同。

大陆法系中传统的法律划分方法最显著的特征之一,就是十分强调形式上的定义以及定义之间区分的有效性和适用性,并对之深信不疑。普通法系法学家一般把法律的划分视为惯例,即历史、便利性、习惯、法学家思想等一系列要素综合而成的产物;而学者的影响,尤其是法律科学的影响,则导致大陆法系的法学家以更规范的方式对待法律分类问题。像我们在本书第十章所看到的那样,定义和范畴被认为是从客观法律真理中科学地推论而出。一旦它们被科学地发现和完善,便被纳入到法律科学的主题——法律的系统性重建之中。以此将描述性的概念并入指令性的概念之中。大陆法系法学家们对系统性、抽象性、形式性和纯粹性的重视,进一步扩大了法律科学对分类与定义显而易见的权威影响。定义和范畴成为学者运用、学生们学习的系统化法律结构的一部分,因而也就被融汇于法律之中。人们认为,这些定义和范畴在方法论上的适用性是由其本质上的正确性而派生的。

92 在大陆法系中,法律主要分为公法与私法。这种划分在大多数大陆法系法学家看来是根本的、必要的,从整体来看也是显而易见的。论文、专著和学生手册都包含这种二分法的讨论,通常以自信的教条术语来打消初始的疑虑。欧洲和拉丁美洲法学院的学生在法律生涯之初,就被传授这种公法和私法的全面分类,他们倾向于不加批判地接受。这很快成为他们法律观点的基础。某些法学家攻击这种两分法,他们认为,公法、私法的划分(英国法学家 T. E. 霍兰德称为"巨大的分裂",the mighty cleavage)既不根本也不必要,当然也不清晰。然而,普通的大陆法系法学家则少有这种疑惑。他们认为,公法和私法在本质上是不同的。当这种划分出现困难时,他们被鼓励去批评现有的法律制度没有充分理解和明确表达基本现实的真实性质,值得庆幸的是,法学家在不断研究这种问题,而他们坚信,最终法律科学可把一切都弄清楚。同时,规定或试图澄清公私二分法的制定法、判例和学说仍在不断出现,使之更加牢固地根植于法律之中。考察公法、私法划分的起源以及它现在所面临的危机,是进一步认识大陆法系的一种有趣的方式。

在大陆法系传统中,公法、私法的划分有着漫长的历史,它究竟起源于早期的古典罗马法,还是在较晚的查士丁尼《国法大全》中才开始出现,我们尚不能完全确定。但是,注释法学派在他们的著述和教学中作了这种区分,这是没有疑问的。后来,它成为欧洲共同法的通用假设的一部分，并广泛地运用于19世纪的法典编纂和法治改革过程中。19世纪末，当法律由法律科学家们详加审视时，公法、私法的划分就成了他们系统性地重建法律秩序的基础。公法、私法划分持续发展的历史，使之获得了权威并融入了文化之中。法学家们许多世纪以来所使用的概念，看起来就是根本的、必要的和显而易见的了。

现代欧洲法学思想中支持公法、私法划分的大部分力量是意 93
识形态的力量，是统治17世纪、18世纪的经济、社会、政治思潮在19世纪的法国、奥地利、意大利和德国民法典中的体现。这些法典化的民法是私法的核心，而在这些法典中占统治地位的概念则是个人的私有财产权和个人的契约自由。这种对个人主义的强调是以法律术语来表达当时的理性主义和世俗自然法。法典中强调个人财产权和契约权，保证了个人权利不受国家侵犯。这些民法典被认为发挥着类似于宪法的某些作用。在私法范畴内，政府的唯一作用就是承认私权并保证私权的实现。

私法自治理论有各种推论假设，其中包括一种较为原始的经济观点，认为经济活动的基本主体是个人，政府活动的适当范围极为有限。无论是一致行动的个人联合（如公司和工会），还是政府对国家经济及社会生活的广泛参与，生活在21世纪的我们对这两者都很熟悉，但在当时却未被纳入考量。法律世界中只有两个主体：国家和个人，而各自都有其领地，国家在公法范围内活动；个人在私法领域中行为。

19世纪的法学接受了这种意识形态，有时或许是不加质疑地予以接受。实际上，法律科学的主要精力是投入构建法学理论，以体现（但不是直接表达）被普遍称为“19世纪自由主义”的精髓。德国潘德克顿派学者的主要成就之一，就是在法律科学的名义下，把这种思想加以高度系统化和抽象化。他们出色的工作使这些19世纪的基本态度在20世纪的大部分欧洲法律学术中得到了保留。德国学说的基本概念,就是法律中私人自治功能的法律公式,它们运作的领域与私法领域相辅相成。

而在公法事务中截然相反的态度是合适的,可以说是这种私
94 法意识形态的反面应用。政府的作用不限于保护私权,相反,公法特别关注的是国家行为在实现公共利益上的作用。从这个意义上来说,公法有两个主要部分:(1)古典意义上的宪法性法律,它规定政府机关的建立;(2)行政法,它调整公共行政以及行政机关与个人的关系。在私法关系中,当事人彼此平等,国家是裁判员;在公法关系中,国家是一方当事人,但作为公共利益的代表者(或作为君主权力的继承者),它是高于私人的一方当事人。公法、私法这两种极不相同的意识形态的发展进一步把这种区分牢牢地扎根于法律秩序中。

在本书第十三章中,我们曾谈到,设立行政法院和普通法院这两个法院系统与分权原则相关。关于公法、私法之分在司法管辖上的分工,大陆法系各国都有许多讨论、立法和诉讼。但是,没有任何国家公法、私法的划分同行政司法和普通司法的划分是完全一致的(例如,在欧洲,刑法被一致划入公法之内,而其审判却统一属于普通司法管辖)。但是,应当注意,私法同普通司法系统的管辖大体上是相适应的。因为在欧洲,普通法院的传统任务是解决有关私权的争讼。当然,这并不意味着所有公法上的问题(除了刑法之外)都一律归属行政司法系统管辖,也不意味着所有私法上的问题(加上刑法问题)都划归普通法院管辖。问题远比这些复杂得多。不过,公法、私法的划分同欧洲大陆和其他大陆法系国家存在独立的行政法院制度这一现象有着密切的联系。

于是,大陆法系中以下一系列因素的影响互相结合,使公法、私法的划分产生了特殊的重要性:(1)学者:特别是法律科学家,

他们强调系统性概念化的法律结构，并具有将描述性概念转变为指令性概念的能力；（2）传统：因为至少1400年来这种划分都至关重要；（3）意识形态：根植于表面上价值中立的法律科学概念中；（4）法院系统：普通法院同行政法院的司法分工。但是，政府和经济社会制度发生了巨大变化，于是，法律理论的基础与当代生活的状况之间现已存在明显的实质性差异。公法、私法的划分 95
正处在危机之中，欧洲司法界对这一危机展开了热烈而广泛的讨论。在此，我们有必要对产生这种危机的原因作简要的考察。

第一，大陆法系法学家对普通法系有了更多的了解。在19世纪，孤陋寡闻的大陆法系法学家可能会相信普通法比大陆法粗糙、野蛮。然而，随着两大法系间文化交往的不断增加，特别是随着欧洲大陆比较法研究的兴旺，大陆法系法学家逐渐认识到，比起他们自己的法律制度，英美普通法并非显然不灵活、不高效或不公正。同时，他们也已看到，那些大陆法系以外的西方民主资本主义国家不对公法和私法作技术上的划分，也能够成为法律发达的先进国家。虽然，对这些问题的认识未必会导致大陆法系法学家抛弃这种二分法，但却使他们意识到：公法、私法之分并非每个发达的法律秩序所不可或缺的成分。

第二，德国的纳粹政权、意大利的法西斯统治、苏联的社会主义法制，以及20世纪中拉丁美洲的许多极权政府，趋于驱散传统大陆法系中的美妙幻觉，即公法和私法的概念表达的是意识形态中立的科学真理。由于大陆法系在欧洲具有了意识形态的多样性，原本熟悉的法律术语就具有了不熟悉的含义。社会改革者声称"所有法律都是公法"，列宁则声明"所有资产阶级法都是私法"，截然对立的断言说明了这一点。虽然敏锐的大陆法系法学家一直都意识到，这些概念的底层是以意识形态为基础的，但20世纪的政治历史扩大和强化了这种意识。公法和私法这样的术语不会导入任何确定的意义,其意义由确定的时间和地域的文化所赋予。传统的法律概念的捍卫者和抨击者都强调这种不证自明的真理。

第三,各国政府发生了变化,国家参与经济和社会活动在今天已成为普遍现象。19 世纪以个人为本位的国家已被 20 世纪以社会为本位的国家所取代。国家政府权力的扩大,被认为导致了
96 私权自治范围的缩小。根据某种观点,私法的基本概念因为社会和公共因素的加入而发生了变化,私法“社会化”或“公法化”这样的术语在法学著述中频频出现。现代宪法,以 1917 年墨西哥宪法和 1919 年德国《魏玛宪法》为开端,为了公共利益明确地限制了私权,产生了大陆法系法学家通常所说财产权和其他私权的“社会功能”(social function)。虽然一些较为正统的理论家仍坚持认为法律上的私权内容在新型政府下仍然保持不变,这不同于社会和经济的私权内容,但这种区分很牵强。事实上,私权内容已经发生了实质性的变化。

第四,国家对经济生活的参与,越来越多地采用国家机构或国家控股公司经营工商业的方式直接参与,并采用私法的法律形式。这样,私法对公共活动产生了越来越大的力量,不是通过传统的行政手段,而是通过国家机构或国家控股公司从事工商业的行为。这种趋势被一些行政法法学家总结为公法的“私法化”趋势。私法的作用不断增长,缩小了行政法的范围。

第五,20 世纪中,所谓“中间团体”——一致行动的个人联合——的重要性不断增加,并日益为法律所承认。过去的那种情况,即法律领域中只容纳个人和国家,并且各自都有其确定作用,已显然不能适应新的形势。取而代之的是一个极为复杂的天地,它的主体不仅是个人和国家,还有众多不同种类的团体,如工会、合作社、基金会、工商业公司、财团以及宗教团体等。其中许多团

体（只需以政党、工会和工商企业为例）都行使着强大的经济和社会权力，在战后的民主国家中尤为如此。它们形成了一种“私人政府”，对许多人的生活的影响常常比正式成立的“公共政府”更大。在如此复杂的法律领域中，公法、私法这种简单的二分法似乎失去了适用性。

第六，欧洲和拉丁美洲的宪法已经成为确认基本个人权利 97
（包括财产权、保障从事经济活动的权利，等等）的手段。于是，民法典的宪法性功能也就因之而被剥夺。这种功能由私法中的私法转移到了公法中的公法。在某种意义上说，这种情况可称为私法的“宪法化”（constitutionalization）或“公法化”（publization）。在那些主要是把公法、私法的划分视为保护个人权利的手段的人看来，这种发展趋势降低了这种划分的意义。

第七，大部分欧洲和拉丁美洲的国家已经确立了刚性宪法和立法合宪性的司法审查制度。一些国家创设了特别的宪法法院，其他国家则由普通法院行使这种职权。这种情况必然降低了严格的分权理论的意义，那些认为公法、私法划分同分权原则有着紧密联系的人，思想上就逐渐模糊了公法、私法之间的界限。

第八，公、私法的实质区别已经被两种彼此独立同时又密切联系的力量所冲淡：其一，行政法的发展越发更为严格地限制了国家忽视甚至侵犯私人权利的行为；其二，追求法治——坚持法治对国家自身的适用性——最终形成了一个统一的法律制度。在这个制度中，国家尽管仍然占有很重要的地位，但它只是一种法律主体。传统法律科学的概念性结构产生于私法研究之中，法学家努力将之运用于公法领域，强化了这种趋势。总之，这两个方面结合在一起，进一步推动了“公法私法化”的进程。

第九，法学院讲授的法律科学的传统目的和方法以及一般理论，主要都是源于19世纪潘德克顿派的研究。这些理论在20世纪中受到激进的法学家们的抨击,他们人数虽少,却在不断增加。还有一些法学家,认为传统法学虽然有效,但嫌其陈旧、烦琐,于是在寻求法学学术基本研究的新出路,导致的一种结果就是法学
98 家的兴趣扩展到法律领域以外的天地。现在他们所关心的是法律怎样同文化背景相联系,以便从中汲取所需要的养分以及法律怎样与社会相联系,以探求法律所必须解决的社会问题。另一种结果是减弱了对概念性结构以及形式逻辑推导的有效性和实用性的强调。这种趋势显然是在走向一种更为开放的法学和一种技术性较少的方法论。在这一发展过程中,主要是在方法论上强调的公法、私法的划分的主张,也不可避免地失去了其部分力量。

第十,大陆法系国家中一些既非公法又非私法的法律部门已经产生并完善起来。例如,劳动法和土地法就是公法、私法要素的混合,它们与传统的分类方法互不相容。在大学中,这些部门法已有相关的教授职位、课程和机构,专注于这些领域的学术杂志也定期出版。这些事实的存在,又进一步淡化了公法、私法的界限。

可以说,大陆法系关于公法和私法的传统概念正在经历相当激烈的重塑。基于早先谈到的原因,这种区分仍具有很大的现实重要性。尽管受到了导向新定义的趋势力量的影响,两者之间的基本界限依然清楚,大量的问题或利益仍可轻松地归入公法或私法范畴之中。但是在公法与私法之间的边界上有很大的流动性,因而今天几乎没有大陆法系法学家会试图就公法或私法给出一个有实用价值的定义。

公法、私法划分的指令性影响容易遮蔽法律“描述性”(descriptive)规定的效用,不过,这种划分确实也起到了一种描述性作用。它概括了法律职能的分工,把法律分为较小的部分,以利于教学、研究和讨论。但是,公法、私法划分的指令性的泛化,又

趋于强化这种分类，甚至在描述性的意义上使用这种分类时也是如此。私法教师通常并不讲授或研究其主题中涉及的公法问题。例如，他虽然讲授财产法，但不涉及财产税、城市土地用途管制或者财产权的宪法保护等问题，这些都属于公法范畴，留待公法学专家去讲授和研究。

即使在公法和私法领域之内，他们也趋于非常严格地区分实体法和程序法，以及各种不同的实体法。整体来说，大陆法系比 99
普通法系更强调这些区分。法学家被某个问题所吸引，而不顾各部门法的界限，这是很少见的事。“各守疆域”的观点逐渐成为法学的一个重要假设，因此也成为法律本身的一部分。实际上，在极端的情况下，这种区分被认为是反映了客观现实，表明了它是基于事物本身的属性而不仅仅是出于惯例。因此，人们时不时会看到关于某些特定主题的独立性的理论讨论，即使讨论的领域看起来更多的是因历史的偶然而非内在的属性联系在一起。在严重的情形下，法学家可能会坚信在各种可能的法律分类中，唯有一种是正确的。

于是，大陆法法学家把法律分为公法、私法以及一组兼有公法、私法要素的混合法（如劳动法、土地法）。公法又进一步分为宪法、行政法和刑法。刑事诉讼法一般也划在公法之内，理由之一是它同刑法紧密相联。民事诉讼法如何划分才算恰当，这尚是学术上大量讨论的课题，目前占统治地位的看法认为它应属公法范畴。

私法包括民法和商法，当然民法更为重要。民法源于大陆法系最古老的组成部分——罗马私法。在教会法庭对世俗事务享有的管辖权丧失之前，民法始终与教会法共生并存。随着司法制度的世俗化，民法吸收了教会法的某些内容而保存下来，并得到丰富和发展。教会法则不再对世俗事务进行干预。今天，还有一个类似的趋势,那就是商法不断为民法所吸收。

提到商法,就会想到本书第一章的叙述。商法最初是商人为调整他们自己的商业事务而创造的独立司法制度。它有自己的规则和习惯,有自己的法庭和法官制度,有自己的审判和强制执行程序,并有自己的适用领域。它不属于民事、刑事或教会司法等官方制度的一部分。商法的这些独立特征已逐步消失了。商事审判由于民族国家的兴起而被“国家化”。民事诉讼程序渗透到商事法院的诉讼程序中,独立的商事审判的概念也就慢慢地不
100 见了。今天,在一些国家中,独立的商事法院即使在名义上也都已不复存在。在另一些国家中,虽然在初审审级名义上还独立存在初审法院,但它不同于普通民事法院的地方,仅在于审判时有一个商人出庭与法官共同审理案件。在上诉审中,商事审判则与民事审判没有什么不同,同一法院既可受理民事上诉案件,亦可受理商事上诉案件。实际上,这种制度中的商事法院已不再是一个独立的法院,它不过是民事法院下属的一个特殊审判机构而已。

在多数大陆法系国家中,商法仍然是一部独立的商法典所指的对象。然而,商法典也在消逝之中。瑞士和意大利都废除了独立的商法典,并将以前属于商法典的内容并入到民法典中。

在大陆法系国家中,商法的教职继续保留,法律图书馆中也保有大量的商法论著。然而,商法被民法学家统治的趋势越来越明显。他们为整个私法(以及大部分公法)进行基本理论研究。商法学说是在接受民法学家的研究成果的基础上建立起来的。通过一种渐进但显然不可阻挡的过程,在私法领域内,商法更多地成为民法的下位法或特别法,而不是与之并列的部门法。民法正在变为私法的同义语,而商法则在逐步“民法化”。

随着民法的“接管”以及商法逐步丧失其独立特征,产生了类

似于民法因吸收教会法而丰富的过程。作为一般命题,传统的民法把个人之间的交易视为孤立的司法事务。与此相反,商法则把对商人之间的交易看成是正常的商事活动的一部分。经过几个世纪,这种不同态度造成了两者在规则上和实践中的差异。毫不奇怪,现代工商业发达国家的趋势是更青睐商法方法而胜过民法方法。该过程被描述为私法的“商法化”,这是预料之中的事。

因此,私法是由两个主要的同生共存法律部门所构成的整体。民法因“商法化”而丰富,商法因“民法化”而削弱,并处于衰
落之中,其趋势是形成一个与民法同义的私法体系。大陆法系最 101
古老的分支继续存在,但不断受到质疑。关于私法的公法化、公法的私法化、公法的刑罚化、程序的宪法化等,有着丰富的文献。被认为具有本体论性质的分类不断受到质疑,其实用性也有问题。在后面的章节中,我们将重新思考大陆法系的分类。

第十五章 法律职业

102 如同前两章所介绍的法院系统和法律的划分一样,大陆法系中法律从业者的业务分工,也显示出普通法系国家特别是美国人所不熟悉的特点。美国人通常认为,法律行业是个单一的实体。在他们的心目中,一名律师,无论当时从事的是哪种法律工作,仍然是一名律师。虽然有许多年轻的大学法科毕业生以私人执业律师、政府律师或者公司法务职员的身份开始职业生涯,并以此为终身职业,但对他们来说,从法律行业中的一个部门换到另一个部门工作也是司空见惯。一名美国律师在一生中往往可能从事多种法律工作。从法学院毕业后,他们可能会给州或联邦法院的法官做大约为期一年的书记员;也可能会在州或市的检察机关中任职一段时间;或者在州或联邦政府的机构中从事法律方面的工作;或者加入某个公司的法务部门。其中的许多人之后会转成私人执业律师。如果执业生涯是成功的,最终他可能被任命为州法官或联邦法官。大多数美国人认为律师轻而易举地在不同法律行业中调换工作十分正常,而且他们并不认为,律师需要经过特殊的训练才能从事其中任何一种不同的工作。

大陆法系国家则与此不同。年轻的大学法科毕业生都面临着多种不同的职业选择。他可能成为法官、检察官、政府律师、私人执业律师,或者公证员。究竟从事何种职业,他必须及早作出决定,以后就伴随所选定的职业终此一生。虽然从理论上说,还可能从其中的一种职业换到另一种，但实际上这种改换相当罕见。大多数情况下，最初的选择往往就是一生中的最后抉择。无论是从事哪一种职业，刚开始时，几乎总是处于职业等级的最底层，晋级升迁常常不仅取决于功绩，也同样取决于从事这种职业的资历。在另一行业中所积累的经验并不会使他在这一行业中获得先发之利，在升职过程中也没有任何正式的优势。因此，许 103
多年轻的律师很快就会发现，自己已终身锁定了一种职业，要离开并非易事，其高昂的代价很可能会使他们打消此种念头。

这种情况造成的结果可想而知，就是各种法律行业之间相互隔离的趋势不断加剧。在某一法律部门工作的人，常常认为自己不同于其他法律部门的人。他们注意发展本部门的专业，维护自己职业的特点，加强职业内部的联系。在大陆法系国家，不同类别的法律从业者之间的敌意、法律事务管辖权问题的争论以及闭关自守的状况，可能比美国更为常见，因为美国的法律行业是统一的整体。英国的律师分为出庭律师（barrister）和诉状律师（solicitor），因而英国的法律行业向大陆法系国家的模式靠近了一步。但是，不同律师行业之间的划分和隔绝程度，仍远不如大陆法系普遍所见的那样严格。大陆法系国家的官僚主义现象比普通法系国家严重得多，特别是在许多官方的法律机构中更为明显。普通法系国家的各种法律职业之间的横向变动很容易，这导致了法律职业内部迥然不同的进入与升迁模式。

这种法律职业选择上的固化趋势，以及随之而来的不同职业之间的严重隔绝，造成了一系列许多大陆法系的律师也认为不可取的后果。首先，年轻的大学法科毕业生常常在选择他们的职业时没有任何必要的准备，因为他们没有足够的机会去接触各种法律职业，这样他们也就难以作出最佳选择。其次，职业之间的相互隔绝，倾向于只认同一种行业利益与职能，促成了对法律界的狭隘看法及职业之间的“巴尔干化”[1]。上述缺陷的存在,正是某些大陆法系国家要求法科毕业生进行一定时间实际训练的原因。在被允许从事任何正式的法律职业之前,他们必须在指定的时间内参加司法机构、政府律师和私人执业的工作。这种制度在德国得到最充分的发展,德国的法科毕业生在完成大学的法律教育后,还必须花两年时间完成这样的实际训练,这被称为“见习”(Referendarzeit)。

法官制度为我们描述的现象提供了一个鲜明而有趣的佐证。一旦从法学院毕业(或按要求完成了一定时间的实际训练),想当法官的毕业生就立即申请进入司法机关。如果入选(一般是基于
104 一次选拔考试),就进入了法官职业的最低层。在某几个国家,他们会进入特殊的法官学校学习,但大多数情况下,他们将会被分配在国家边远地区的基层法院开始职业生涯,因积累的资历和展现出的业绩,他们将在法官职业等级中逐步升迁到更令人满意和更具有威望的司法职位,直至最后退休。通常,为了谋取高位,他们只是与司法机构中的其他成员相竞争。虽然从理论上说,最高法院(最高上诉法院或与之相等的其他法院)可以直接任命杰出的律师或大学教授担任法官,但实际上罕有这种任命。最高法院和下级法院一样,往往都只是由那些在司法部门内逐步升职而上的法官组成。典型的法官从来没有执业律师的经历或从事过其他法律职业的经历,除了在大学毕业后的实际训练过程中可能做过类似的工作。法官们的业务联系和社会交往一般都只限于其他法官。他们只是从法官的立场上看待法律,他们都是专门人士。

---

[1] “巴尔干化”原指帝国主义国家为了推行侵略政策和殖民主义,把某一地区分裂成若干对立的小地区,使其互相牵制,以便从中取利,像第一次世界大战前西方强国对巴尔干半岛各国那样的做法。文中指把律师行业分成各个彼此对立和互相牵制的部门。——译者注

检察官也属文官序列,他们通常有两大职能:首先是作为刑事诉讼的公诉人,准备公诉,并出庭指控被告。就这一点来看,大陆法系国家的检察官同典型的美国州地方检察官没有很大区别。但他们的第二大职能却大有不同。大陆法系的检察官要代表公共利益参加私人之间的诉讼活动,因此,他们有权干预一般认为是私法事务、只涉及当事人之间利益的各类诉讼,即使在案件的初审中亦是如此。他们还可以根据法律的要求,在案件的初审中对涉及人身和家庭关系等方面的问题进行干预。另外,有些国家可能要求他们在最高普通法院的诉讼中出庭,并提出自己关于正确解释和适用法律的独立观点。这种做法的理论根据是:最高法院的主要作用就是正确地解释和适用法律,不能总是指望当事人对案件提出所有论点,法官需要在检察官的协助下确定一种公正的见解,以维护法律的尊严。

希望成为检察官的青年法科毕业生,在走出大学校门或完成 105
实际训练后不久,通常也需要参加国家此项职业而专设的考试。如果考试通过,他就可充任初级检察官,然后开始其终生的检察官职业。近些年来,大陆法系国家出现了检察官职业"司法化"的趋势。这种观点认为,鉴于检察官履行"准司法"职责,他们也应当享有法官所享有的独立和任期保障。这种趋势在一些国家特别是在意大利发展较快,意大利的检察机关已成为司法机关的一部分。然而,即使在这些国家,法官和检察官仍然是司法部门中不同的职业,虽然这种趋势最终可能是两者合为一体,但毕竟还不现实。特别应当注意的是,检察官同司法行政机关(后者对前者的工作拥有管理权)的关系与法官同司法行政机关的关系仍不大一样。不过,检察机关的司法化有助于促进法官职业与检察官职业相互间的流动。

有些大陆法系国家并不存在通用的政府律师这一职业,各个政府机构或组织都有自己的法务雇员,在任命、提升、薪俸、工作条件和福利待遇等方面,各机构可能大不相同。为特定机构或组织工作的法务雇员,普遍更认同该机构或组织,而非政府律师这一群体。还有一些国家专门设立了政府的法律顾问机构,统一为所有政府机构提供法律服务。在前一种情况下,任命和提升都已官僚化和程式化。无论哪种情况,法律职业之间横向移动的困难都趋于将官方律师锁定在这一职业上。如同法官和检察官的职业一样,想当官方律师的毕业生在完成其法学教育和实际训练后,也要参加国家考试,然后进入该职业的底层。同样,通常他们也是终身任职。

大陆法系国家的普通律师是最接近美国的普通律师的职业。这一职业的进一步细分(如法国的“avocat”和“avoue”,意大利的
106 “avvocato”和“procuratore”)已经消失或重要性已大为降低。律师接待当事人的来访,并为其提供有关法律问题的意见,代表他们出庭参加诉讼,还可为当事人在商业或财产事务上提供法律帮助。他们从大学法学院毕业后,通常要在某个经验丰富的律师开设的事务所实习一段时间后,才能正式执业。

传统上,律师通常在律师事务所执业,他们是事务所唯一的高级律师,还有一两名初级律师协助他们。有些国家禁止设立合伙关系的律师事务所。欧洲一体化和全球化改变了这种情况,大陆法系的各大城市都出现了类似美国的律师事务所,其中有些是真正的国际化事务所,在好几个国家设立分所,或者是英美大事务所的分所。但即使是小型事务所往往也与外国律师事务所合作。在欧洲和拉丁美洲的许多国家的首都,运用几种语言工作的律师事务所十分常见。

公司法律部门也受到限制。比如,在法国,专职法律顾问(house counsels)就没有被认定为律师,而是被分类为法律顾问

（conseilers juridiques）。新规则已经取消了这种区别，并且“avocats”“avoues”和“conseillers”现在都被认为是同一职业的成员。从前的限制与“自由”职业的形象有关，律师作为完全独立的人，可以自由接受或拒绝客户，并对应该如何处理客户的事务作出自己的决定。

一般来说，所有执业律师都必须是律师协会的成员，这种律师协会通常得到了官方的许可，并有权制定管理律师职业活动的规则，包括制定收费标准。与美国和其他国家的情形一样，这种律师协会的成员有可能进入政界并担任高级官员。虽然大陆法系各国的具体情况不尽相同，但在很多国家中这种从执业律师步入政坛的人，在政府高级官员中所占的比例与美国相当，甚至超过了美国。

如果说大陆法系国家的普通律师同我们美国的一般执业律师极为相似的话，那么，两大法系国家公证员如果有任何相同之处，就只是表面现象了。两大法系公证员在历史上同出一源，但两者的发展道路却迥然各异。普通法系公证员的地位无足轻重，而大陆法系公证员的地位却相当显赫。

典型的大陆法系国家公证员的主要作用有三种：第一，起草 107
重要的法律文书，如遗嘱、契约、土地转让证书、公司章程等。有时律师也可起草这些文书，但在大陆法系各国，这项工作仍主要由公证员承担（虽然公证员在这一领域有着确定的地位，但律师和公证员就某些法律问题究竟属于谁的业务范围仍存在一些争议）。

第二，公证人认证文书。一个经过公证的文书［大陆法系各国普遍将之称为“公行为”（public act）］具有特殊的证明作用：它结论性地证明文书本身是真实的，其内容准确地反映了当事人所说的话以及公证人的所见所闻。与公行为之声明相矛盾的证据在普通司法程序中不会被采用。希望挑战公行为真实性的人必须为此目的提起一个特别诉讼,而这种诉讼很少见。

第三,公证员作为公共档案的管理人。他们需要保留他们所起草的每份文书的原件,并根据要求提供经过认证的副本。认证副本通常具有与原始证书相同的证明力。

公证员通常被给予了"准垄断"的地位。典型的大陆法系国家往往划分若干个公证区域,在每个公证区域中都有限定数量的享有排他权限的公证员。与律师可以任意拒绝当事人不同,公证员必须为每一位来访者服务。公证员的这种职责加上他的"档案员"的作用和垄断地位,使他成为具有公、私两重身份的工作人员。谋取公证员这一职位相当困难,因为公证机关的数量很有限。公证员一般必须是大学法学院的毕业生,而且必须在公证事务所实习。通常,有意成为公证员的人必须参加国家考试,考试通过后,还要等到公证员的职位有空缺时才能被任命。但在某些国家,通过了考试还必须从在位的公证员处购买"职位"。大陆法系国家普遍设有全国性的公证员团体,其作用类同于为私人律师服务的全国性律师协会以及为法官、检察官、官方律师服务的各种组织。

第四,我们来谈谈法学家的情况。在本书第九章中我们曾经介绍过,法学家是法学院的教师,他们撰写的学说,对大陆法系的
108
法律活动的各个方面都有重大影响。他们是罗马时代的法学家和中世纪法学家传统的直接继承者。这些古代法学家的意见,在大陆法系传统的某些时期,曾有约束法官的正式权威。除了正式的权威,法学家通常被认为是给所有的法律职业提供基本指导思想的人。他们在论著中所提出的观点以及他们对诉讼和立法过程中产生的具体问题所表示的见解,尤其是在基本法典所覆盖的范围内,远比普通法系法学家的工作更为重要。

想要在大陆法系国家的大学中挤入教授的行列相当困难。通往教授讲席的道路不但漫长和曲折,而且充满风险。有志于学术生涯的年轻人必须给教授们当助教,包括有偿或无偿的助教。最后,在达到某些正式的要求并且出版了一本著作之后,助教们便可以参加所谓的"私人讲师"[2](private - docent)的国家考试。如果他们得到了"私人讲师"的头衔,就意味着他们将有资格获得一个学术上的职位。当教授的职位出缺时,这些私人讲师们便会为追求这个目标而相互竞争。如果这个空缺是一个令人羡慕的职位,那么他们还得同那些地位较低、威望不高的教授们竞争。在这一过程中,他们的发展既取决于他们所展示的学术能力,也取决于他们所跟随的教授在学术界的影响。这种所谓的"男爵制度"(baronial system),使教授对年轻学者的职业生涯享有很大权力,其结果是形成了一个由被扈从助教(relinues of assistan)环绕的教授所组成的学术界。一般情况下,助教们都是按照导师的方法去思考和工作,于是"思想学派"(schools of thought)由此形成和发展。教授不仅可期待助教们学术上的忠诚,亦可期待他们个人效忠于他。他握有决定助教们成功的巨大权力,这使他能提出这种要求。

在学术生涯中能否获得一个教授讲席,带有很大的偶然性。所以,很少有人能承受将全部赌注都押在这上面。另外,在许多大陆法系国家,教授通常并不把自己的全部时间甚至是主要时间用在法学院。特别是在拉丁美洲国家,从教授们领取的薪俸的多少就可以看出他们这样做的原因。无论用任何标准来衡量,教授的工资都显得过低。教授在学校里的正常工作任务是每周讲几小时的课,每年在助教的帮助下举行两三次考试,可是从这些工

〔2〕 指未经学校正式雇用的教师。——译者注

109 作中所得到的报酬远不能使他们过上比较舒适的生活。因此,他们分出大部分时间用来从事其他的法律职业(通常是做执业律师,或在司法部门、公共部门中任职),以及撰写论著和审阅助教们的著作。虽然在某些大陆法系国家(如德国),大学里的教授一般都是专职的教师和学者,但这只是普遍规律的例外,趋势是向专职教授方向发展,但还只是一种趋势。

因此,那些企图得到一个教授讲席的人,还常常从事另一种法律职业,既将之作为一条在学术界奋斗可能遭到失败时的退路,也作为一种增加收入的来源,即使成功地竞得一个教授职位时也是如此。因为教授们并非是全职教授,人们也没有这种指望。通常来说,教授主要兼作执业律师,教授头衔的声望对他们而言最为重要,因为凭借这种头衔可以大大增加其律师业务量。有教授头衔的律师,将会吸引重要的当事人,而且其他的律师和法官也会慕名前来,请他就法律问题出具意见。当然,报酬是不会少的。

大陆法系的大学法律教授同时兼任执业律师的趋势,就普通法系法学家看来,这是患了一种古怪的"职业精神分裂症"(professional schizophrenia)。因为在他们的心目中,律师都是专搞具体法律事务,注重结果的实用主义者;律师受须处理的问题引导,而无论这些问题属于哪个法律部门;律师要善于把握具体案件事实,还要敏于寻找和引用有关的司法判例。律师都是固执而又偏袒的;而教授应当用通行的学术方式进行教学和研究,致力于法律科学的基本传统,他们的著述和教学都要着力表现大陆法系正统法学的典型学术特征。因为他们也是执业律师,他们甚至可能夸大这些传统特征到过分的地步。他们变得过分学术,是他们作为法律从业者从事执业工作的一种反动。他们的生活被分为两半,而且要适应各自不同的职业人格。

至此，我们已经考察了大陆法系国家法律活动中的全部主要角色：法官、检察官、政府律师、私人执业律师、公证员以及法学教授—法学家。他们都是专业人士。与普通法系国家的法律职业共同体相反，大陆法系国家的法律职业支离破碎。这是两大法系的一个重要区别。这既反映了、同时也加强了两大法系之间更为根本的差异。为了印证这一点，我们需要对两大法系法官制度的区别略作回顾。

在前面的章节我们已谈到，大陆法系的法官在法律活动中处 110
于相对次要的地位。根据流行看法，在某种意义上，法官的职业是一种按部就班的工作，他不创制政策，而是适用由立法机关创制的法律，依据立法机关规定的程序办案。因此，进入司法机关的途径虽然也有其独特之处，但在许多方面与其他公务组织类似。年轻人首先是进入最基层，以后的升迁则根据其工作资历和业绩。法官的晋级以及对他们工作的定期鉴定，都有固定的程序。既然审判工作被认为是按部就班而无创造性的活动，那么交给没有经验的年轻人去做也是稳妥的。不过，这种年轻法官在职业生涯早期的职位相对次要，积累了经验后才逐渐处理更重要的事务。但只有审判经验才能使他们有资格处理更重要的工作，从事其他法律职业的经验都不予考虑。

大陆法系的法官的普遍形象最终成了自证的循环。对于那些不求上进、贪图安稳、从事执业律师或竞争学术职位不大可能成功的人，这个职业最具有吸引力。法官职业的工作条件和薪俸水准与这种形象也是一致的。因此，更优秀的法学毕业生往往另谋他就。当然也有一些出色的法官，但就整体而言，最杰出的法律人才通常要到别处去找，特别是从执业律师和法学家那里去找。大陆法系法律职业有一个明显的等级结构，法官是其中的低等阶层。

因此,法官的地位成为一个相当可靠的指标,显示了某个国家保持法律活动整体形象的持续力量,这种形象产生于革命时期,并因法律科学而得到强化和完善。例如,拉丁美洲的多数国家,传统观念的作用非常强大,法官地位低下,社会等级观念则进一步加剧了这种影响并使之复杂化。上等阶层受过良好教育,并且拥有一帮颇具权势的同伙,往往有特权进入并把持律师界和法学界。法官职业一般是由那些从卑微的社会下层向中等阶层升迁的人所充任。

但是,在另一些大陆法系国家,激进的、革命的法律活动模式已失去了大部分力量,法律科学对于法律意识的影响也在逐步缩
111 小,法官的才干与地位的提高已成明显趋势。在普通法院系统以外的其他司法部门,这种趋势最为强劲。最为突出的例子就是,近些年来奥地利、德国、意大利和西班牙首先创立的宪法法院,尔后扩展到其他国家,以及如法国国务院的司法部门这样的行政法院(见本书第十八章)。国际法院,如欧洲法院、欧洲人权法院,以及美洲人权法院,也已经成为了重要的法律和政治角色。但即使在普通法院系统内部,法官的权力也一直在提高,法官的地位也随之发生了相应的变化。比如,法国法院在《拿破仑法典》存在空白和不足之处,创造和发展了法律,其所取得的成就已为世人所公认。另外,意大利普通法院的法官有权对民事或刑事诉讼中产生的合宪性异议是否"显无根据"作出初步判决。同时,法官们也逐步意识到,解释某一制定法的判决与这一法律遭遇合宪性抨击的可能结果之间存在密切关系。虽然这些变化不大可能产生对普通法系法官制度的复制,但是,"法官阶层"在法律职业界中的地位显然正在提高。

第十六章　民事诉讼程序

正如民法是大陆法系实体法的核心一样，民事诉讼法是大陆 112
法系程序法的核心。严格地说，民事诉讼法仅适用于私法中的民法部分所产生的权利和义务的司法保护。刑事诉讼程序的特殊性质和目的以及各类独立法院(如行政法院)的存在，导致了独立的刑事诉讼法和行政诉讼法的产生。但是，大陆法系的所有诉讼制度都共同起源于罗马法、教会法和中世纪意大利法，各种诉讼法都是在民事诉讼法学家的引领下形成和发展的。民事诉讼法是核心和基础，其他专门的诉讼法，甚至包括刑事诉讼法，都是以民事诉讼法的模式为基础演变而成的。

与此同时，民事程序和刑事程序之间又有一些重要差别。特别是革命时期以来，刑事诉讼法已成为一个基本独立的立法领域和研究对象。多数大陆法系国家的法律制度都包含独立的民事诉讼法典和刑事诉讼法典。在法学院中，民事诉讼法和刑事诉讼法分别授课，两者各自独立的文献早已成形。但在一个非常基本的层面，民事诉讼法和刑事诉讼法都建立在共同的理论基础(诉讼法的基本原理和基本原则)之上，而这些基础理论的发展，向来是民事诉讼法学家的职责，便如法律的一般理论和原则的发展是民法学家的基本任务一样(如之前章节所述)。

在大陆法系中，一个典型的民事诉讼程序被分为三个独立的阶段：(1)短暂的预备阶段，在这个阶段中提交诉状和任命听审

德国审判庭

法官(通常称为指导法官);(2)取证阶段,听审法官得到证据,并准备一个简要笔录;(3)判决阶段,由将要判决案件的法官查看听审法官递交给他们的笔录,接受当事人的“律师陈述”
113 (counsel’s brief),并听取其辩论,最后作出判决。读者可能注意到,在上述介绍中看不到“审判”(trial)这个词。在一般情况下,可以说普通法系法学家所认为的民事诉讼程序中的“审判”在大陆法系中并不存在。这是因为,要求陪审团审判民事诉讼的权利是普通法系的传统,却从未在大陆法系国家中扎下根。这一传统在今天的美国仍然强大,在大多数司法管辖区,要求民事陪审团审判是一种宪法权利(普通法系的其他国家则已废除了民事陪审团)。

陪审团制度的存在深刻地影响了普通法系的民事诉讼程序的形式。按照这种制度,诉讼中必须召集一些普通公民作为陪审员,听取证人证词、审查证据、发现事实,并在法官的指导下将这些事实应用于法律之中。这样,就要求民事审判程序必须一次性完成。因为处理一桩案件时，这种业余的陪审团不能被轻易召集到庭后又中止审判，然后再重新召集数次——如果这样，将会造成诸多的不便，且成本高昂。因此，对当事人、律师、法官和陪审员而言，显然更自然、更高效的方式是在一定的时间和地点全部到庭，以一劳永逸地履行需要他们共同参与的相关诉讼程序。这种一次性事件就是我们所知的"审判"。

大陆法系国家没有陪审团参加民事审判的传统，而是发展出了另外一种完全不同的方式。在这一传统中完全不存在我们所理解的那种审判，没有各方到庭、一次性判案的审判活动。在这些国家中，典型的民事诉讼程序实际上是由律师和法官之间的一系列独立的会晤和书面交流构成的，在这种程序中出示证据、出具证词、提出程序上的请求、作出裁定，等等。在普通法系国家，许多问题在开庭审理时一次性解决；而在大陆法系国家，这类问题则分散在由取证法官主持的大量的间断见面会和书面行为之中处理。比较法学家在评论这类现象时，常常提到普通法系国家民事审判的"集中性"和大陆法系国家对这种集中性的缺乏。一般而言，大陆法系的律师们更喜欢比较集中的制度，因此大陆法系国家也趋于更为集中，但各国发展的快慢大不相同。奥地利和德国在这方面发展得最快。然而，较少集中性仍然是传统，这是大陆法系民事诉讼的第一个显著特点。

集中性的缺乏引起了一系列有趣的附带性结果。首先，诉状 114
比较笼统，原被告之间争论的要点只有随着诉讼程序的进展才能逐步明朗化，这种做法与普通法系国家差异甚大。在普通法系国家的审判中，诉状和答辩精确地描述了双方的争端所在，并有一个预审程序作为集中开庭活动的必要准备。其次，出于类似的理由，大陆法系的律师在取证阶段出庭前，花费的准备时间较少。律师出庭常常仅是为了审查一个证人或提出一两份证据材料。

因此,他们没有普通法系律师的那种压力,普通法系律师从一开始就要为整个案子做充分准备,以出席庭审。在大陆法系,每次出庭都比较简短,涉及的仅是整个案件中的很小部分,因此最大限度地减少了意外因素,律师们有充分的时间为下次出庭时可能遇到的抗辩准备答辩。再次,集中性的缺乏也解释了证据开示程序(向对方当事人提前告知证人和证据)和审前程序(当事人双方的律师和法官就非实质性争端问题先行讨论,以求达成协议)为什么没有那么重要。证据开示程序之所以不必要,是因为在大陆法系国家的法庭上搞突然袭击捞不到什么战略或战术上的便宜;审前程序之所以无足轻重,是因为大陆法系不存在普通法意义上的审判,民事诉讼程序的前两阶段中的每一次开庭,都同时具备审判程序和审前程序的特征。

传统的大陆法系民事诉讼的第二个特点是:证据的接收和简易笔录的制作并不是由最终判决案件的法官来完成的。在本书第二章中,我们了解到大陆法系的现代诉讼制度曾受到中世纪教会法诉讼程序的强烈影响。在教会法诉讼程序中,证据由书记官收取,判案时法官使用的是书记官制作的笔录。这种程序最后发展成设置一个在法官指导下的取证阶段。但是,案件的判决常常由另一位法官,或由几个法官(包括取证法官在内)组成的合议庭
115 进行。比较法学家通常将这种程序形式同普通法系中由判决案件的法官和陪审团直接当场检验证据的惯例相比较,从而得出结论说,普通法系的审判具有"直接性",而大陆法系的审判具有"间接性"。比较法评论家一般认为,普通法系的"直接性"较为可取。不过,大陆法系民事诉讼也逐步向直接性演化。中世纪时期那种把法官同诉讼当事人隔开的"公文之幕"(documentary curtain)——被认为法官可由此不受利害关系人的影响,从而保证程序的"公正"——已不再必要了。相反,现在认为,不由审判法官

亲自制作笔录倒是一个缺陷。因为这样剥夺了法官直接同诉讼参加人打交道的机会，不能审视他们的态度，评价他们的陈述。

在缺乏直接性的大陆法系诉讼制度中，书面工作变成了诉讼程序的主要内容。而在普通法系国家中，审判活动表现为证人当着法官和陪审团的面宣誓作证，并被口头询问和交叉询问。律师都是口头提出动议或反对，法官也是对这些问题作出口头裁决。相反，在大陆法系的民事诉讼程序中，甚至向证人提问的都常常是法官，提问是以两造的律师书面提交的问题为基础。如果坚持实行一个人接收证据和制作笔录，另一个人判决案件，书面程序显然比言辞程序更有必要。民事程序的直接性趋势依随言辞性的趋势，而言辞性又推动了集中性。大陆法系的程序法学家认为这三者互相联系，经常会有这样的讨论：集中性、直接性和言辞性被作为民事诉讼程序改革建议中密切相关的组成部分而被提出。

外国观察者有时会迷惑不解，在大多数大陆法系国家中，向证人发问的是法官，而不是当事人的律师。这使一些人产生这样的结论：与普通法系的法官不同，大陆法系的法官有权决定问些什么问题，因此实际上决定了向证人询问的范围和内容。人们往往把普通法系中的“对抗式”同大陆法系的“纠问式”取证制度相对比，这种描述存在很大的误解。事实上，大陆法系和普通法系 116
共同盛行的制度是“处分制度”。根据这个制度，提出什么争端、举出什么证据和作什么样的辩论，几乎完全取决于当事人。两大法系中的法官都有自行提出质问的某种权力。在德国，法律和司法传统鼓励法官积极引领诉讼程序，其他大陆法系国家的法官则相对消极。普通法系国家的法官偶尔也有干预诉讼的倾向，但通常仅限于涉及未成年人或无行为能力人的案件，或明显涉及当事人双方不能充分代表的公共利益的案件。在大陆法系国家中，在处理类似案件时，法律要求检察官或其他类似官员作为公共利益的代表参加民事诉讼程序。但所有这些均为例外情形,在大多数民事诉讼中,两大法系遵循同样的规则:诉讼当事人对诉讼如何开展拥有相当大的自主权。大陆法系国家的法官向证人提问,是基于律师的请求,所提问题也限于律师提交法官的问题。

把法官置于律师和证人之间的做法,进一步说明大陆法系一贯缺乏言辞性。通常,打算向证人发问的律师必须事前准备一个书面的"发问提纲"(articles of proof),写明他需要向证人提出的问题,在开庭听取证人的证词之前,将此提纲送交法官和对方当事人。这样,对方律师(也可能是证人)对于审理过程中将要提出的问题事先从书面上有所了解,从而可以做好相应的准备。这对提问的律师和答辩的证人的心理状态都有深刻的影响,而在审理时律师问任何问题都要通过法官这一做法,又增强了这种影响。那种普通法系审判中为人们所熟悉的对证人的直接、口头、快速询问和交叉询问的模式,在大陆法系的民事诉讼中不会出现。

大陆法系国家的民事诉讼对交叉询问(cross - examination)尤为陌生。诉讼程序中从来没有可影响的陪审团。对于证人的可信度审查也不甚关注(可能部分是因为当事人及其亲属、有利害关系的第三人均无到庭作证的资格)。听审法官在查证相关事
117 实时是职业化和公正的,所有问题均由法官加以过滤。"举证提议"(offer of proof)确定了证人证言的范围并减少了突然袭击的可能性。对方律师在诉讼中的主要活动仅仅是向法官提出建议,即如何以更精确的用语归纳可能记录在案的证人证言。

以集中性、直接性和言辞性的标准,普通法系与大陆法系的差别可以举例说明之。原告律师可以向听审法官提议(以书面形式)要求证人出庭作证。这种举证提议的副本将转交给被告方的律师。对此提议,被告律师可以提出异议,其理由可能是:证人是原告的亲属或双方具有商业关系,因此不是合格的证人。于是听

审法官通常会在几周之后安排一次听审，由双方律师提交书面陈述并提出口头辩论。对所提问题，法官将记录在案并予以考虑，数周之后再最终作出书面裁定。如果裁定支持前述“举证提议”，则法官要另行安排一次庭审，以便聆听证人的证词。在普通法系法院的典型民事诉讼中，这整套程序（在大陆法系法院历经数周甚至数月）会被缩短为法院和律师之间不到一分钟的口头交流。原告律师请求法官传唤证人；被告律师提出异议并简要陈述理由；原告律师再行答辩；然后法官予以裁定。如果获许，等候在法庭的证人就将被传上证人席。

在前面的例子中，如果证人被传唤作证，听审法官将对证词做笔录（不会逐字记录），并向书记员总结证言的内容。如果律师和证人对此总结没有异议，证言便将记录在案并提交判案的合议庭，合议庭此后只能根据记录对事实予以认定（但需书面说明认定的理由）。即便听审法官是判案的合议庭成员（如在意大利），书面记录也严格限制了对事实的认定。听审法官对证人作证时的闪烁其辞、鬼鬼祟祟或明显不诚实的回忆（除非记录在案）均不影响对事实的认定。在普通法系国家，陪审团的裁决是总括性的，并不要求详细的事实认定。证人的表现，如同其他各种环境因素一样，经常会显著地影响陪审团的裁决。如果由法官进行独 118
任裁判（没有陪审团参加），作出裁判的法官便是聆听和观察证人作证的法官。普通法程序允许（其实也是要求）法官不仅要根据证人的证词，也要根据他们对证人的观察来认定事实。

许多因素构成了大陆法系和普通法系在证据制度上的实质性差异。其中最主要的一点还是陪审团的问题。在普通法系的民事诉讼中，有一系列证据的排除规则，规定哪些证据可采用，哪些证据不可采用。这些规则的目的，最初被解释为防止陪审团为虚假证据所迷惑。曾经有一项替代性政策，即警告陪审团某个证据不可靠,但允许基于此警告再对它作出评断。不过,这种做法已被一律废弃,这种证据被完全排除。

最突出的例子是“传闻规则”(hearsay rule)。如果证人作证说,他听到一段对话,并就对话内容作证。在普通法系国家的庭审中,立刻会产生的反应是:“法官大人,这是传闻证据,我反对。”传闻规则的要旨是:证人不得就他人所言在法庭作证。言者必须亲自到庭作证;作证时,他会受到交叉询问,陪审团也会观察其作证时的神态举止。因此,传闻证据会被彻底排除。此种规则的合理性(特别是在没有陪审团陪审的情况下),经常受到人们的质疑,因而,传闻证据规则被赋予了诸多例外。但是在普通法系国家,传闻规则仍然存在,它使审判过程复杂化,也使得某些有证明力和相关性的证据被排除在普通法审理程序之外。

大陆法系中没有这种规则,因为大陆法系的民事诉讼没有陪审团参加。但是,这并不意味着大陆法系的民事审判可以毫无限制地提出证据。恰恰相反,大陆法系也有许多限制和排除证据的规定。然而,无论从其来源还是从其功能来看,都不同于普通法系中的那些排除规则。为了了解这些规则,我们先要回到中世纪的“法定证据”制度上来。

将法定证据制度引入司法程序是欧洲法律重要的文明进步。
119 法定证据制度取代了决斗裁判以及神明裁判。决斗和神判是中世纪初期欧洲混乱的封建社会所采用的标准判案方式。虽然在我们今天看来,法定证据制度武断、粗糙并有失公正,但它的采用却对司法程序产生了巨大的人道主义影响,并且是在将司法程序转为理性调查相互矛盾的指控的真相的方向上迈进的一大步。当时的民事法官和现在一样没有多大权威。无论他们是否希望诚实正直地行事,他们都难以抵御外界的游说、贿赂或威胁——特别是来自权贵们的威胁。因此,法定证据制度要能运作,必须为法官提供隔阻此类压力的屏障。这些屏障,包括一系列权衡证词的正式规则和排除规则以及决定性宣誓(decisory oath)制度(通过一次宣誓确定争端的事实)。

判断某种证词证明价值的规则在操作中是机械和呆板的。法院需要按照证人的人数、身份、年龄以及性别预先定好证词的权重。为了证明某项事实,要求达到法定的证人人数。贵族、僧侣和有产者的证词优于平民、非神职人员和无产者的证词;年长者的证词又优于年少者的证词;妇女的证词要么被排除,要么其效力大大低于男子的证词。这些以及类似的评断证据价值的规则,对所有证据的效力都事先赋予了"算术"的价值(证据分为完全证据、半完全证据、1/4 的证据等),是基于被信奉的一般经验。

排除规则完全取消了一些人作证的资格,这些人主要是诉讼当事人及其亲属和有利害关系的第三人。他们的证词被认为基本上不可信,因而完全被排除。当事人为了胜诉常常会不择手段,而该条规则有助于维系其不作伪证(perjury)的良知。此外,该条规则也可能旨在减少外界腐蚀或贿赂法官的诱惑。

决定性宣誓按下列方式进行:当事人甲在宣誓中向当事人乙提出当事人乙所了解的有关争端的事实,如果乙拒绝宣誓,那么最终认定的事实则不利于乙。如果乙宣誓,那么,最终认定的事实则对其有利,迫使乙不作虚假宣誓的力量,不仅在于虚假的誓词所产生的宗教后果,而且还在于作虚假宣誓所应负的刑事责任和民事损害赔偿责任。

英国早期的民事陪审制度,阻碍了前述提出证据和评判证据 120
的某些限制规则在普通法程序中的发展(并产生了其他的限制规则)。相对于独任法官而言,由一群外行组成的陪审团受到暴力威胁或其他形式的影响要小。特别是根据普通法的要求,陪审员与案件当事人身份相同时尤为如此。因此,大陆法系国家中给予法官以一定保护的形式证据制度在英国似无存在的必要。确保陪审团不受不可靠证词影响的需要,不仅导致有利害关系的人丧失作证资格,还产生了评判合格证人的某些种类证词可采性的一系列限制。陪审团作为事实发现者,在两个方面起到了大陆法系国家宣誓断案的作用:一是有效地发现案件事实;二是减少了法官在认定事实过程中受当事人左右的危险。因此,英国民事陪审制虽然也发展出了自身的形式主义特征,但形式证据制度或宣誓断案的制度在普通法系国家并没有在大陆法系国家中那么重要。

中世纪这些证据制度的痕迹在今天的大陆法系国家中依然可见。现代大陆法系民法制度中"不可反驳的法律推定"(irrebuttable presumptions),就是由法定证据制度演变而来的。在一些大陆法系国家中,诉讼当事人仍然不具备作证的资格。宣誓断案的方法在很多国家(包括法国、意大利和西班牙)至今仍然有效,虽然其使用主要是策略性的。不过,从总体上看,司法程序改革运动的目标之一就是实现法官对"证据的自由裁量"(free evaluation of evidence)。革命时期的理性精神极大地推动了这一改革运动,但受到大陆法系国家法官地位弱小以及民事律师普遍对法官缺乏信任等因素的制约。虽然如此,大陆法系国家的诉讼法学家仍普遍地将证据的自由裁量视为改革所要实现的理想之一。

在美国,如果甲起诉某人,无论其胜诉与否,他通常都必须向其律师支付费用。在大陆法系国家(如在英国一样),败诉方通常
121 要支付胜诉方的律师费。"败诉方付费"的规则乍看似乎更公平,而且在实践上更可取,它却会产生一种明显的副作用。为了避免将不合理的律师费用强加给败诉方,法院就得采用法律服务的官方计费标准。胜诉方律师会提供其关于法律服务的明细,然后由法官确定败诉方按照费率标准应支付给胜诉方律师的费用。当然,律师和当事人也可以协商较高的费率,但对超出官方费率标

准的部分则由该当事人自己承担。将律师服务与案件结果相联系的方法被视为不合执业道德，因此，大陆法系国家全都禁止风险代理费（contingent fee）。大陆法系国家的很多律师对于美国律师行业中普遍采用的风险代理费安排颇感吃惊，虽然也有律师承认其具有一种法律援助（legal aid）形式的价值。

在大陆法系国家，上诉权是一项普遍的原则。在此“上诉”具有美国人所不熟悉的特殊含义。在美国，上诉被认为主要是纠正一审法院判决中适用法律方面的错误的一种方法。但在大陆法系国家，上诉权包括要求对事实问题而不仅是法律问题进行重新认定的权利。虽然通行的做法是以过去的审判笔录作为重新考虑案件的事实基础，但在许多国家，当事人在上诉审中仍然有权提出新的证据。受理上诉的法院理当自行审查全部证据，独立自主地确定案件事实及其意义。上诉法院还需要自己准备理由充分的意见，并在意见中讨论事实和法律问题。

普通法系国家采用民事陪审的制度显然禁止上诉法院对事实部分进行审查。陪审团并不作出具体的事实认定。通常，陪审团要考虑参与诉讼的有关人员的行为和表现以及其他相关情形。作出裁决时，陪审团无须阐述（解释）其裁决的理由，其评议程序也没有书面记录。如果上诉法院可以独立地裁断事实问题，其实无异于废弃陪审团的作用。只要陪审团的裁决（或法官的判决）具有某种事实根据，普通法系国家中的上诉法院都会予以尊重。

除了技术性上诉外，不满诉讼结果的当事人通常还有权请求高一级的法院复审案件。这一程序在有些国家被称为“再审”（recourse in cassation）（如法国、意大利）；有些国家称为“复审”（revision）（如德国）。两者在处理案件中的作用是类似的，都对案件中涉及的法律问题作出权威性的最终裁决。换句话说，再审和复审的作用类似于普通法系上诉法院的基本作用，都是限制当事人只能就法律问题提出上诉。但是,再审和复审又有一些不同特点,因为运用这些程序的法院的历史背景有所不同。

122 这里,我们重提一下本书第七章法国革命的激进思想,否认法院有任何解释法律的权力,而法国的上诉法庭最初是作为非司法性质的机构而设立的。其任务是解决法院向其提交的请求解释的法律问题,以缓解立法机关提供权威性立法解释的负担。多年后,上诉法庭已经成为公认的法院机构,不仅在法国,而且在其他仿效法国的国家也是如此。在这些地区,最高上诉法院就是最高普通法院,其职能是保证正确适用法律和统一解释法律。而通过某种相似而又有所不同的过程,德国、奥地利和瑞士发展出了复审程序。虽然再审和复审之间有一些重要区别,但起着相似的作用。普通法院顶端的高级法院有权审查低级法院的判决,以确认它们是否正确地解释和适用了法律。如法国那样,奥地利、德国、瑞士的法院都有责任保证法律的统一解释。因此,尽管在理论上说它们的判决对它们自己或下级法院均无约束力,但是在整个普通法院系统中,它们的意见是法律条文含义的最终解释。

一般情形是,大陆法系国家法官无须说明单独的并存意见(separate concurring opinions)或反对意见,即使上诉审也是如此。虽有例外情况,但一般规则是:法院的裁决意见是一致且匿名的,甚至异议也不会被记载;而且,法官若表明他们的立场与判决所宣布的立场有所不同,会被认为不符合职业道德。最近的发展趋势是:某些大陆法系国家的宪法法院中,已渐渐开始记载异议和单独的并存意见,甚至对外公布这些意见。但通行的立场仍然是:法律是确定的,其表现也应如此,记载异议和公布独立的意见将有损于法律的确定性。

在某些大陆法系国家,异议法官有时会在法学期刊上发表文章,以规避这种规则。虽然文章表现为“学术”或“科学”的形式,但所有人——律师和法官同行——都知道,发表此类文章的目的在于向法学界传达其不同意见。

大陆法系同普通法系不同,还表现在执行程序的差异上。大 123
陆法系国家中没有任何类似普通法中"民事藐视法庭行为"(civil contempt of court)的制度。在本书第八章中我们曾提到,普通法系中,法庭可以以藐视法庭为名,通过以对某人实行罚款或监禁威胁,迫使他作为或不作为。所谓藐视法庭,就是某人拒绝履行法院要求其履行的义务。人们普遍认为,普通法系的"对人诉讼"(action in personam)广泛有效,大陆法系中完全没有"民事藐视法庭行为"之说,而仅有"对物诉讼"(action in rem)。这就意味着无论当事人的诉讼请求属于哪一类,其主张权利的唯一办法,只能是得到一个有价金支付为内容的判决。大陆法系的这种不同点对法律活动产生了影响深远的效果。例如,形成了严格的契约定义。按照大陆法系的契约定义,一个没有价金意义的承诺不能产生法律义务。如果承诺不能通过货币支付来履行(这是少见的情况),那么就完全不能强制履行。

缺乏"对人诉讼"影响了大陆法系民事审判程序的各个方面。例如,强制当事人提交文书、有关的事务记录和其他证据以及审查当事人或其财产的权力要比普通法系国家软弱得多。在大陆法系国家的民事诉讼程序中,法律救济手段仅局限于强制执行被告的财产(如查封及变卖财产、向索赔者移交特定物,或驱逐财产的占有者),或能由第三人履行并向被告索取费用的行为(如拆除非法建筑)。在大陆法系国家的民事诉讼中,违反法庭命令的当事人对对方当事人负有支付损害赔偿的责任(如法国的执行罚),但不能由法官施以惩罚。法官所能采取最严厉的措施是要求对其提起刑事指控。唯一的例外似乎是拉丁美洲的保护令——一种保护宪法权利的禁令——赋予了法官逮捕不服从命令者的权力。相反,普通法系的法官在民事程序中有权惩罚藐视法庭者。

124 如果我们回顾这两种民事诉讼制度,两种不同的意识形态的轮廓就开始浮现。在普通法系国家中,法官是支配法律制度和衡平法制度的权威人物(必须记住,衡平法院是作为"良心法院"而产生的)。按照普通法系的传统,诉讼时要求陪审团到场,陪审团由原告和被告的邻居组成,他们的任务是在诉讼过程中自始至终地维护共同体的主流态度和价值观。法官凭借宣布某人"藐视法庭"的权力,命令人们做什么或不做什么,如果他们违反禁令,则可对其施加惩罚,整个程序充满道德色彩。诉讼当事人在他们的"法官父亲"和"陪审团邻居"面前,扮演着各自的角色。相反,在大陆法系国家中,法官是重要的公务员,但他们缺乏普通法系法官所具有的权威手段和父辈般的尊严。诉讼当事人和证人可以违背法官的命令,而不怎么惧怕严厉的惩罚;也没有邻居组成的"陪审团"来旁观,表示赞成或不赞成。相形之下,大陆法系的民事审判的世俗化更为彻底,道德成分更少,因而不太容易为当时当地的道德观念所左右。

损害赔偿法也充分说明了两大法系在一般观念上的基本差异。在普通法系的民事诉讼中,对行为显系恶意或有重大过失的被告作出惩罚性损害赔偿、多倍损害赔偿和所谓一般损害赔偿(也就是说,赔偿超过了被证实的损害)的裁决是司空见惯的事;但在大陆法系国家的民事诉讼中,原告却很少能得到这样的损害赔偿。民事、刑事之间的界限更为清楚,处理道义上不可饶恕的行为(恶意或重大过失),是刑事诉讼而不是民事诉讼的事。民事审判的一般原则是,原告得到的赔偿只限于补偿其所受损失,如果因为被告的行为的道德性质而需要考虑共同体的判断时,那就必须通过刑事诉讼程序。在刑事诉讼程序中,被告人受到刑法原则的保护而不致遭受武断和过重的刑罚,这是因为刑法原则规定,在行为发生时如果该行为没有被明文规定为犯罪则不受惩罚;而且,西方国家的刑法均普遍规定:对被告人的处罚应仅限于制定法所明文规定的处罚措施。

第十七章　刑事诉讼程序

125 虽然法国革命对大陆法系的所有方面都产生了深刻影响，但受影响最深的莫过于公法。而在公法领域，对旧制度的批判和要求改革的呼声，又大多集中在刑事诉讼程序上。为革命意识形态做出了贡献的18世纪的写作者和哲学家，大都抨击了革命前刑法和刑事诉讼程序的可悲状况。在这方面最杰出的改革家就是切萨雷·贝卡利亚（Cesare Beccaria）。他的著作《论犯罪与刑罚》的出版成了1764年欧洲的一个轰动性事件，并成为西方历史上对刑罚和刑事诉讼程序最有影响的论著。

就刑事实体法而言，西方资本主义大陆法系国家与普通法系国家的刑法没有太大区别。在整个西方文化中，同样的行为被认为是犯罪，讨论和争论的也是同样的刑罚方式。但是，在刑事诉讼程序上却存在重要的操作上的区别，而且值得关注的是，大陆法系中刑事诉讼程序的革命性改革，在多大程度上反映了革命时代的前因后果。下面我们通过考察贝卡利亚这本书的主要论点和结构来说明这点。

贝卡利亚首先确立了“罪刑法定”（nullum crimen sine lege and nulla poena sine lege）的原则。他解释说：“只有法律才能够决定对犯罪的惩罚。刑法的制定权只能属于立法者，他们是根据社会契约结成一体的整个社会的代表。”因此，根据贝卡利亚的理论，唯有法律才能确定犯罪和刑罚，这里他所指的法律就是制定

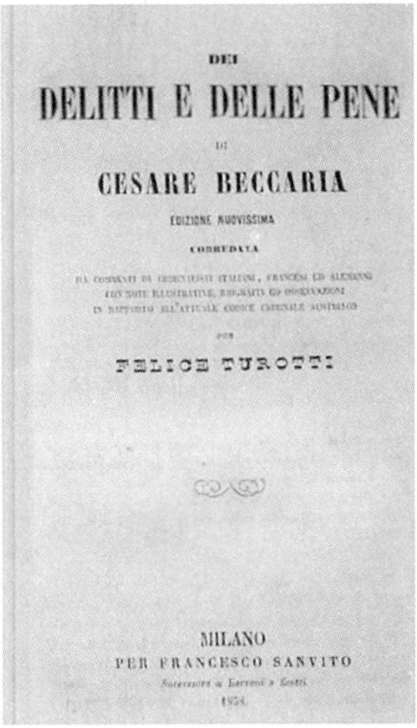
DEI

DELITTI E DELLE PENE

DI

CESARE BECCARIA

EDIZIONE NUOVISSIMA

FELICE TUROTTI

MILANO

PER FRANCESCO SANVITO

切萨雷·贝卡利亚（1738–1794），意大利经济学家、法理学家，代表作为《论犯罪与刑罚》。贝卡利亚最著名的行为，是在人类历史上第一次系统地提出废除死刑的理念。

法。贝卡利亚进而论述了法律解释问题。他的观点是："刑事案件中的法官绝对无权解释刑法，因为他们不是立法者。"他进一步认为："不能把恪守刑法字句而可能引起的混乱同法官解释法律所引起的混乱相提并论。……法典一经生效，就应当按字面意义去遵守。法官的唯一任务就是判定某一行为是否合于成文法。" 126
在同一段中，他说革命前的法官如同"这群暴君的专制"。后来，在"法律上的含混不清"这一章中，他又说道："如果说法律的解释权是一种弊害的话，那么，法律上的含混不清则必然是另一种弊害，因为正是法律的含混导致了对法律的解释。如果法律用人民所不懂的语言写成，那么这种弊害将会更大。因为人民不知道他们自己的行为的后果，就必然依靠少数法律解释者来解释法律。这样，本来是公共的普遍法律，却变为私人的特殊法律。"贝卡利亚接着确立了两项基本原则:首先是罪刑相适应原则,轻罪宽罚,重罪严惩;其次,对罪犯应当平等地适用刑罚,而不问其社会阶层、地位或财产。

读者将会看到,这些观点与革命法统的一般特征(本书第三章所述)是一致的,它们渗透于国家实证主义、理性主义以及世俗自然法学派所阐发的人权理论之中。与此同时,在普通法系国家中,一些与贝卡利亚所阐述的原则相同的理论,也影响了刑事诉讼程序的演化。但一大区别在于,在欧洲大陆,由于法国大革命以及这场革命对法律观和国家观的影响,这些原则被大力强调,有可能是被夸大了。因此,甚至在今天人们还可以发现,大陆法系国家十分重视这样一个原则:每种犯罪及每种刑罚都应当规定在由立法机关所制定的成文法中。在大陆法系法学家看来,当普通法系法院在民事诉讼中判决惩罚性损害赔偿、多倍损害赔偿或一般损害赔偿时,当它们宣判某人犯有“普通法”上的罪行时,以及当它们笼统地对藐视法庭者施加刑罚时,它们似乎天天都在违反这个原则。两大法系的另一个显著区别在于,大陆法系中的刑罚改革运动开始得较早。在贝卡利亚及其后继者的影响下,18 世纪意大利的托斯卡纳就已废除了死刑;同时,整个欧洲也都发生了减轻对轻微犯罪施加酷刑的重大改革,比英国和美国类似的改革早得多。

127 显而易见,强调“罪刑法定”原则(若无立法机关制定的法律为根据,就不能认定犯罪并施加任何刑罚)以及主张将刑事法律用公民易懂的语言写成并作为理性计划的一部分,必然导致刑法典的编纂。事实上,革命时期法国法典编纂的第一项任务,就是制定刑法典,而且这部刑法典确实在革命时期就已写成。如果说存在法典编纂的要求,那么这种情况在刑法和刑事诉讼法领域中表现得最为清楚。不过,刑法典的编纂一旦成为事实,就很容易扩展到其他部门法领域,特别是在法官不受信任、代议制立法机关广受推崇的法律传统中,更是如此。如前所述,这正是大陆法系整个革命时期的普遍情形。

人们听到的关于两大法系的刑事诉讼程序最常见的比较之一便是:大陆法系是“纠问式”,而普通法系是“控诉式”。虽然这种概括不够准确,并且若运用于现代刑事诉讼程序,会产生误解,但如果放在历史条件下,这种说法便具有一定的正确性。在某种意义上,我们可以说,近两个世纪以来大陆法系刑事诉讼程序的发展演变,已经脱离了极端的纠问制以及对它的滥用;而在同一时期,普通法系刑事诉讼程序的演化,也已不再过分迷信控诉式制度,并抛弃了它的某些陈规。换言之,两种制度正在从不同方向融汇成为一种大体相当的混合型刑事诉讼程序。

让我们首先考察控诉式制度。这种制度一般被人类学家认为是在社会进化过程中产生的第一个取代私人复仇的制度。在这个制度中,最初被害者有提起控诉的权利,他就是原告人。这种控诉的权利很快扩大到他的亲属。随着社会团结的观念和集体保护的需求的发展,控诉权便扩展到团体的所有成员。人们推选出负责的官员来审查证据,判决并宣布。但是,他无权发起诉讼,无权决定需要提出哪些问题、引入哪些证据,也没有固有的调
查权,因为这些事情都取决于原告人和被告人。刑事审判就是在 128
作为仲裁人的法官主持下,原告人和被告人之间进行的辩论。典型刑事诉讼程序的进行是公开的、口头的,之前没有任何官方的(法官或警察)证据调查或搜集。

中世纪大陆法系的刑事诉讼程序也是控诉式的。13 世纪卡斯蒂利亚的重要立法汇编《七章法典》(Siete Partidas)就将刑事诉讼程序表述为控诉式的。法官只有在冒犯君主罪(lese majeste)的案件中才具有审讯的权力。后来,纠问式程序发展到教会法院

审理异端罪的案件中。在教会程序和 16 世纪兴起的国家主义的影响下,所有欧洲大陆的刑事诉讼程序成了纠问式。

纠问式制度突出地代表了在远离私人复仇的社会演化道路上的又一步。它的基本特征包括:首先是私人控诉的减少甚至消失,而由国家官员的公诉取而代之;其次,法官从公正的仲裁人变为一个积极的审判官,他可以自由地收集证据,决定审判的性质和对象;最后,两造当事人大致平等是控诉式制度的特征,双方在中立的仲裁者面前辩论,这种情况在纠问式制度中发生了很大变化,现在这种相互辩论发生在个人(被告人)和国家之间。在历史上,纠问式程序往往是秘密的和书面的,而不是公开的和口头的。由此而来的诉讼权利的不平等以及书面程序的秘密性,产生了形成压迫性制度的危险,这使被告人的权利极易受到侵犯。在普通法系中,我们最为熟悉的声名狼藉的类似例子就是星座法院,它实际上就是一个纠问式法庭。

然而,星座法院在普通法系中毕竟只是一个例外。历史上,普通法系刑事诉讼程序的性质基本上是控诉式的。同时,陪审团的早期发展,作为英格兰的刑事诉讼程序中的必要参与者,趋于防止任何过度的强大行为,如欧洲大陆的纠问制度那样。如果陪审团有权决定被告人有罪或无罪,那么必然是口头进行的,且在陪审团出庭下进行审判的程序。虽然英国刑事审判发展初期的通例是,原告人不必雇用控告律师,也无须向他支付酬金,但公诉
129 人在普通法系国家出现得非常晚。在英国,今天的刑事诉讼中,官方仍可聘请执业律师代表公共利益出庭控诉,并从公益基金中支领报酬。在普通法系国家中,设立专职的警察机关和公诉人、查明犯罪行为、收集证据、决定是否起诉,并代表国家进行刑事诉讼的活动是近代才发展起来的。实际上,这些机关的产生,体现了控诉式制度向纠问式制度的转变。但是,审判的公开性质、诉

讼活动的口头方式、陪审团的存在以及对法官权力的限制，所有这些都使控诉式制度中更为合理的因素得以保留，其结果便形成了一种混合型的刑事诉讼程序。

在大陆法系国家中，过分强调采用纠问式的审判模式，是受罗马法复兴的推动以及教会程序法的影响，而最重要的原因则是国家主义的兴起。这种刑事诉讼是国家对被告人提起的诉讼，其程序是书面的和秘密的，被告人没有权利聘请律师，而且通常被要求宣誓作证，刑讯是逼供取证的常用方法。法官不只限于扮演一个公正仲裁者的角色，而是诉讼活动的积极参加者，他可以决定诉讼活动的范围和性质。国王作为国家的化身有权实行惩罚和赦免。禁止事后法（ex post facto laws）的原则、法律面前人人平等的原则，以及我们现在经常普遍提倡的人道和正义的主张等，都不能约束国王。

由于贝卡利亚和 18 世纪其他人的著作，公众反对滥用刑事诉讼程序的呼声越来越强烈。因而刑事诉讼程序的改革，便成了欧洲革命的主要目标之一。当时的改革家指出，英国的刑事诉讼程序是一种公正的、民主的制度的样板，并且号召按照普通法的路线改革他们自己的刑事诉讼程序。这些主张主要是：（1）建立陪审制；（2）用口头和公开的程序取代书面和秘密的程序；（3）确立被告人聘请律师的权利；（4）限制法官的纠问权；（5）废除对被告人的誓证要求；（6）废除刑讯；（7）废除君主以惩罚和赦免武断干涉刑事诉讼的特权。

在大革命的浪潮中，法国曾试图彻底废除封建统治时期的刑 130
事诉讼程序，而代之以一套以英国为模板的全新的诉讼制度。但是这种努力很快就归于失败，随后出现旧制度的复辟。在法国，其结果是革命前的成分和革命后的改革互相融合所形成的混合制度。

我们可以把典型的大陆法系刑事诉讼程序分为三个基本部分,即调查阶段、预审阶段和审判阶段。调查阶段在检察官的指导下进行,检察官在预审法官的监督下,也积极参与预审阶段。预审主要是采用书面方式,并不公开进行。预审法官可以决定这一阶段中诉讼程序的性质和范围,这一阶段要求预审法官全面地调查事实,并准备一份完全的记录,以便在预审阶段结束时,所有相关的证据都记录在案。如果预审法官作出结论,认为有犯罪事实存在,并证明被告人是犯罪者,那么案件就进入审判阶段。如果预审法官认为没有犯罪事实,或者犯罪行为不是被告人所为,那么就不再进行审判。

1975 年,德国废除了预审程序,现在审前程序完全由检察官和警察控制——就像美国一样。审判重要的犯罪案件时,由法官和外行人组成合议庭作出判决。审判如普通法一样集中进行。可以通过认罪答辩来避免审判。到 20 世纪末,包括意大利在内的几个欧洲国家和大多数拉丁美洲国家,都按照德国模式改革了刑事诉讼程序。在大陆法系国家中,20 世纪后期是刑事诉讼程序方面的改革特别密集的一个时期。

总体观之,可以说,过去一个半世纪的欧洲,刑事诉讼程序在公正和人道方面的主要进步大多是通过刑事诉讼的调查和预审阶段的改革来实现的。这些改革主要有两种:其一,努力将公正
131 客观行事的检察官发展成为诉讼活动的核心。例如,在意大利,检察官现在是司法系统的成员之一,和法官一样,享有终身任职的保障,并由此享有不受外界干涉的自由。其二,已制定了一些程序上的保护措施,以保护被告人在预审阶段的合法权益,在这些措施中,主要是被告人有权委托律师参加整个预审阶段。但这并不意味着被告人的律师享有不受限制的交叉询问证人和代表委托人提出证据的自由,预审阶段仍然在法官主持之下进行。不

过,被告人的律师为了保护委托人的利益,在参加这一阶段的诉讼活动时,可以要求法院注意某些问题,并随着诉讼过程的展开就被告人如何应对提供参考意见。预审法官汇编的档案可供辩方检查。通常,这些档案所提供的信息在美国的诉讼程序中,在因证据开示的动议而强制性地产生或由审判揭示之前,辩方是不能知晓的。

作为规则,法官在预审阶段和审判阶段可以讯问被告。然而,被告不能被要求宣誓,而且他们可以拒绝回答。他们的拒绝和他们的回答一样,将在定罪量刑时予以考虑。直至最近的改革,仍然没有发达的交叉询问制度能与我们相媲美,尽管检察官可以建议法官向被告人提出问题。

在我们的刑事司法制度中,被告无须站上证人席,并禁止因他们不愿作证而作出对其不利的推论。但是,如果他们作证,他们必须宣誓,并经受检察官的交叉询问。一位杰出的比较法学家认为,我们制度的特征是将被告人置于"残酷的选择"中:要么宣誓作证,接受交叉询问;要么完全不作证。他暗示大陆法系更为人道,没有让被告人进行如此极端的选择。

因为刑事诉讼预审阶段的这种性质,大陆法系的审判阶段本身也就产生了与普通法系不同的特点。在审判阶段,证据已经收集,调查笔录已经形成,而且检方和被告人与其辩护人都可得到该笔录。审判阶段的作用,在于把案件提交法官和陪审员审理,允许公诉人和被告人的辩护人就案件事实展开辩论。当然,这种审判一般采用公开方式,正是因为这种公开性,政府的专横擅断行为才有可能被制约。

在传统的大陆法系语境下,认罪答辩(plea of guilty)可作为 132
证据,但不能由此避免审判。决定是否有罪的是法官,而不是控方或辩方,因此辩诉交易被禁止。然而,事实上即使法学家否认其存在,并且以大陆法系正统来反对美国流行的辩诉交易,但在大多数(如果不是全部)大陆法系的国家都有变相的辩诉交易操作。现在德国和其他主要大陆法系国家已经公开接受辩诉交易,这是20世纪末刑事诉讼改革的一部分,对此本章稍后将述及。比如,在意大利,新的刑事诉讼法典中明确规定了辩诉交易,认罪答辩的被告人可减少法定刑罚的1/3。当然,辩诉交易是一种迅速处理数量不断增长的刑事检控的方法。和普通法系国家一样,刑事检控的数量已远远超过了大陆法系国家法院的能力。

对大陆法系国家的刑事诉讼程序有两个普遍的误解:一是认为大陆法系国家没有无罪推定的原则;二是认为被告人没有受陪审团审判的权利。如前所述,这些显然都是错误的认识。尽管在大陆法系中无罪推定原则的确切性质及其对被告人合法权益的保护程度因国而异,但是大多数国家都存在法定的无罪推定原则。即使在那些无罪推定没有成为正式法律原则的国家,在诉讼程序的预审阶段,也出现了许多与这种推定极为相似的做法。在这些程序中,预审法官的性质和检察官职权的司法化,都有利于防止对那些不可能有罪的人进行审判。

另外,那种认为大陆法系国家中的被告人没有受陪审团审判的权利的一般猜想也与事实完全不符。自从革命时期进行改革以来,大陆法系各国就将陪审团或者与陪审团职能相当的审判机构确立为一项固定的制度。当然,这种陪审制度未必适用所有犯罪(即使在美国的有些州,轻罪也不采取陪审团审判);陪审团可能不是由12个人组成,而是通常采用外行的顾问与法官共同审理案件的方式。即便那些看起来与我们普通法系相似的陪审团,
133 在决定被告人是否有罪的问题上也并不要求一致通过裁决。凡此种种,特别是集中来看,反映了两大法系之间在陪审团概念上的重要差别。但事实仍然是:在大陆法系国家,刑事诉讼的陪审

制是一种已牢固确立的制度。例如,法国从 19 世纪起就有了刑事陪审团。1978 年颁布的新《西班牙宪法》规定,刑事案件的审判采用陪审制。大陆法系国家的法学家也反感法官独任审判,有法谚为证:“独任法官就是不公正的法官。”(juge unique, juge inique.)最近,法国宪法委员会作出裁定:为非重大犯罪案件建立独任法官法庭的企图违反宪法。通常的规定是初审阶段应有 3 名法官。即使没有陪审团参审,3 名法官人数的要求也可降低法官擅断的危险。

对于关心这两种制度哪一种更为公正的读者而言,应当指出的是,关于此问题众说纷纭。最近,哈佛大学的某位教授完成了一本专著,批评美国刑事诉讼“显失公正”(denial of justice),并建议依照法国模式对其进行改革。其他美国人则力求证明我们的法律制度对被告人而言更为公正。类似争论是在对大陆法系法律和实践无知的背景下进行的,并伴以挥之不去的偏见。此外,某个著名比较法学者的说法也颇具启发性,他经过长期仔细的研究后,说道:如果他是无罪的,他宁愿在大陆法系法院受审;如果他是有罪的,他则更希望在普通法系法院受审。这就意味着:大陆法系国家的刑事诉讼程序更能准确地判断有罪或无罪。

第十八章　违宪审查

134 宪法性法律和行政法构成了在大陆法系国家被称为公法的基本内容。宪法性法律是规范国家的组织与运作的法律；行政法是规定政府行政机关的组织与运作以及行政同立法、司法和公众之间关系的法律。

在本书的前几章，特别是第三章、第四章中，我们讨论了出现于15～18世纪、兴盛于西方革命时期的典型的集权制国家的性质。这就是现代的民族国家——世俗的、实证的、对内对外享有主权，由政府的立法、行政和司法三大分支行使权力的国家。其中，代议制的立法机关拥有最高权力，控制着行政和司法行为。立法机关和行政机关的活动均不受司法机关的审查和干预。

大陆法系国家的公法在革命时期之后的大多数发展，都可以看作远离以上极端模式的运动。这一运动有许多令人瞩目且相互关联的方面。这里，我们仅考察其中的两个方面：一是刚性宪法和立法合宪性审查的趋势；二是行政行为合法性审查程序的发展（以控制过度的行政权力）。

在本书第十三章中，我们曾简要阐述了如何满足对行政行为合法性审查的需求。由于对司法机关普遍的不信任，对法官和司法作用的传统印象，以及分权原则，这导致了由普通法院进行这种审查的解决方案不能被接受。此外，坚持普通法官没有任何意义上的立法权，势必导致否定先前的司法判决对以后审判活动具有拘束力，即使是同样的行政行为也是如此。这种对“遵循先例”原则的否定，必然导致对行政行为合法性的司法审查相当无力。法院不受其自身或其他法院先例的约束，因此其判决仅对案件当事人有拘束力，这不足以将行政行为保持在可接受的范围之内。所需要的是一种可以接受的方式，能使对所审查的行政行为合法性的判决具有“绝对拘束力”（erga omnes）（判决的效力不限于当事人，而是具有普遍的效力）。 135

如果给予普通法院此种权力，那么就必然要抛弃关于国家组织与运作以及普通法院性质和作用的一系列基本的、根深蒂固的观念。正如我们所看到的，法国以及之后大部分大陆法系国家所采取的解决办法，是在行政机构内部设立一个独立的法庭。在其他国家，包括德国，则是建立一套独立的行政法院系统来实现相同的结果。虽然在以德国和法国为典型的两种解决途径之间存在许多重要差别，但是它们都满足同样的基本要求。首先，它们都避免了行政行为合法性审查权落入普通法院之手，从而坚持了分权原则；其次，判决行政行为因违法而无效，可以具有“绝对拘束力”，而不至于把“遵循先例”的原则引入普通法院的审判制度。虽然遵循大陆法系传统的各国制定了各不相同的行政合法性审查制度方式，但这里描述的基本模式是主导性的。

然而，当转向审查立法的合宪性问题时，情况就更为复杂了。在建立一个有效的控制制度的过程中，大陆法系各国所遇到的困难都基本相似，但是寻求最终解决方案的运动却远不像解决审查行政行为合法性问题那样丰富。显然存在限制立法权至上的趋势，但这一趋势的发展快慢以及各国采用的限制手段都不尽相同。

立法至上与柔性宪法是相伴而生的概念。如果代议制立法 136
机关所表示的意志具有法律效力，如果立法机关的活动不受司法机关或行政机关的控制,那么就很容易产生这样一个合乎逻辑的结果:普通法律可以优于与之相抵触的宪法的规定。这个结果并不意味着宪法因此会失去其作为规定政府结构以及提供规范来控制和限制政府活动之根本法的全部效力。在具有柔性宪法的国家,其所通过的立法提案通常仍是在现行宪法解释所规定的范围内,超越这些限制的提案将产生特别的立法政策考量。如果宪法条款和制定法之间产生了冲突,而没有明确的立法考量时,法院的倾向就是以避免冲突的方式来解释宪法条款和制定法。通过这些办法或以其他方式,即使是柔性宪法也具备其自身特有的"宪法性"特征。

毫不奇怪,柔性宪法与刚性宪法有很大的不同。这里我们还要把形式刚性宪法与功能刚性宪法区别开来。许多大陆法系国家制定了形式刚性宪法,对立法权和修改宪法的特殊权力作了一定限制,但没有条款规定来强制执行这些规则。依据主流理论,普通法院完全没有资格干预立法活动,行政法院也只能裁定行政行为是否有效,而不能涉足立法行为。立法机关形式上受宪法的约束,但没有任何一个政府机关有权决定立法机关的行为是否超越权限。而在功能刚性宪法制度中,存在这样的机关并发挥着相应的作用。

功能刚性宪法制度最初的且至今具有原创典型意味的实例是美国的宪法制度。整个大陆法系国家在18世纪和19世纪中实行的宪法制度,时而是刚性的,时而是柔性的。然而,没有任何宪法制度包括了审查立法合宪性的功能。自从革命时代以来,大陆法系国家宪法发展的历史是逐渐向功能刚性宪法制度演进的运动。但是,由于多种原因,大陆法系各国所采取的立法行为违宪审查的方法仍与美国大不相同。

137 可以认为,大陆法系宪政主义运动是从逻辑上反对极端世俗的、实证的国家观。从共同法时代到宗教改革运动之前，教会的权威和天主教自然法学家关于政府和个人的著作，为在一定程度上限制君主和官吏的行为提供了一套理论和价值观。这些思想的许多内容已深深扎根于共同法之中。但是，教会和罗马—天主教自然法的权威衰落了。在民族国家力量的不断增长下，共同法逐渐变为辅助性制度而从属于国家法。与此同时，对世俗自然法中民选代议制立法机关以及权力分立的思想的强调，与限制法官权力的革命要求一道，造成了对于立法自主权的过分强调。在新的实证主义国家中，以往对政府权力的限制被取消了，代议制立法机关不仅拥有巨大的权力，而且积极充当对自身行为合法性（与合政治性相对立）的唯一裁判者。从某种意义上说，功能刚性宪法的发展趋势是，保障个人权利以对抗“不正义”的立法行为，这可以视作“自然法法典化”的过程。它一方面填补了废弃罗马—天主教自然法和共同法所遗留的空白；另一方面削弱了革命时期形成的立法机关过分膨胀的权力。

审查立法行为是否违宪的要求并不一定导致司法审查制度的产生。相反，大陆法系中的分权原则和司法机关作用的性质及限制的基本理论，排斥了普通法院系统的违宪审查权。对“遵循先例”原则的否定，则进一步缩小了普通法院行使违宪审查权的吸引力。因为有关宪法的问题都是具有广泛影响的重要问题，所以对之作出的判决必须具有权威性，使之产生“绝对拘束力”，以避免不同法院甚至同一法院对类似的问题作出前后矛盾的判决。 138
但是大陆法系国家不能接受赋予普通法院的判例与法律相同的效力的方案，因此，美国公民所熟悉的那种任何一级法院都有权判决宪法问题、并具有“绝对拘束力”的制度，被大陆法系国家普遍拒绝。虽然拉丁美洲一些国家已给予普通法院一定的违宪审查权，但这种权力一般都集中在最高法院，而不是分散在普通法院系统中。这种方法也许不能消除立法合宪性的判决之间的冲突,但确实减少了这种冲突的可能性。例如,委内瑞拉最高法院是委内瑞拉唯一有权审查立法是否违宪并宣布一项制定法无效的法院。任何其他法官如果发现制定法规则与宪法规则之间存在冲突,他很可能适用宪法规则,但这一判决不能使该制定法无效。

自第二次世界大战结束以来,建立宪法审查的强大运动横扫了整个大陆法系世界。然而,实现这一目标的手段却各有不同。法国是权力分立和法院作用原教旨主义的传统的来源,它建立了一个非司法性的违宪审查制度也就不足为奇了。执行这个职能的政府机关称为“宪法委员会”(Constitutional Council,根据 1958 年宪法设立)而非“法院”。宪法委员会由法国历届前任总统和其他 9 名成员组成。这 9 个成员中,3 人由法国总统任命,3 人由众议院(the Chamber of Deputies)议长任命,3 人由参议院议长任命。某些特定的法律在颁布之前,立法机关或行政机关必须将法律草案呈送宪法委员会,判定其是否合宪(其他法律在颁布之前也可能会经过这一程序)。宪法委员会必须在一定期间内作出答复。委员会对立法是否违宪的审查是秘密进行的,没有任何辩论程序,也没有当事人,不采用口头听证,也没有其他任何普通司法程序中适用的方法。如果委员会认为所审查的法律违宪,除非修宪,否则这些法律将不能颁布。

这个委员会的原始构成及其程序,清楚地表明了其非司法性质,其功能更像一个附加的立法程序,而不是司法程序。并且,这种违宪审查普遍被当成是政治的而非司法的活动。最近,宪法委员会的工作开始具有司法特点,更频繁地被律师和公众看作类似
139 法院的机构。同时,法国国务院(经常)甚至最高上诉法院(非常少见且有限地)参与了宪法诉讼。不过,理论上,法国仍然没有立

法的司法审查制度。

然而,今天大陆法系中更强大的趋势是建立某种形式的司法审查制度。要理解这一趋势,我们最好先考察宪法理论的另一个重要的区别——法律的形式效力和实质效力之间的区别。法律的形式效力,是指立法机关是否遵守法律以及宪法所规定的立法活动的形式和程序,比如有关立法的讨论、投票和颁布的规则。法律的实质效力,是指某项制定法的实质是否符合宪法所保护的公益及政府机关和组织的权利(有观点认为,形式效力和实质效力的区别,从概念上容易分辨,但实际上要分清楚却有困难。这个问题不属于本书所要论述的范围)。

形式上有缺陷的制定法是不是真正的制定法,能否作为“法律”的一部分而要求法官必须加以适用,尚存在争论。如果立法机关没有遵循为立法活动而制定的程序规则,照此推理,就不是立法,因此法院就不必适用。根据这种认识,即使在采用柔性宪法的大陆法系国家,立法机关也必须遵守现行的程序规则,以保证所制定的法律的效力。如果立法机关要想变更正式立法活动的程序规则,就必须为此目的通过一个制定法来直接加以改变,而不允许隐蔽地违背现行的规则。同时,有一种更为教条的观点认为,即使是对法律形式效力的审查,也逾越了司法权限并违背了分权原则。这种观点,在革命时期的法国受到普遍的拥护。然而,赋予普通法院审查法律的形式效力的权力这一趋势已日益明显。普遍流行的理论已经承认了这一发展趋势,虽然仍然承认立法机关有权制定与宪法不一致的法律来修改柔性宪法的实体规定。

但是,在刚性宪法的情况下,根据定义,与宪法相抵触的法律 140
不能通过修宪的方式来解决冲突。一种通常比普通立法程序更为烦琐复杂的直接修宪的程序是必需的。在存在这种宪法时,就有理由给予普通法院审查立法实质效力的权力。如果一项法律与宪法的某条实体规定相抵触,那么,这个法律就不是真正有效的法律,因为它超出了立法机关的权限范围,从而也就不能为法院所适用。这个原则是美国违宪审查权的理论基础,在著名的马伯里诉麦迪逊(Marbury v. Madison)一案中得以确立,并被大多数属于大陆法系的拉丁美洲国家采用。

一般而言,由普通法院进行司法审查,即使集中于最高法院进行审查,仍然不被鼓励。在作出宪法性判决的责任和机会面前,大陆法系法官往往畏缩不前。产生这种现象的主要原因在于:(1)传统法律意识的力量太强大;(2)有关司法功能的正统观念过于根深蒂固;(3)传统法律教育的方向和司法职业训练的影响过于狭隘。比如,在20世纪大部分时间里,智利最高法院都享有进行集中的司法审查之权,可是直到1970年,仅有几项法律被宣布为违宪,而且这些都是不很重要的法律。在日本,“二战”后就赋予了法官违宪审查的权力,但在头30年里,日本最高法院裁定国会通过的法律违宪的只有一件,并且明确表示不会使该法律无效。这样的例子不胜枚举。

上述经验,加上对普通法官不信任的传统观念,分权原则的深刻影响以及给予违宪审查的判决“绝对拘束力”的要求,解释了为什么奥地利、德国、意大利和西班牙,以及许多其他大陆法系国家决定建立独立的宪法法院,这明显类同于19世纪决定建立独立的法庭来对行政行为合法性进行司法审查这一现象。

德国、意大利和西班牙的宪法法院建立于第二次世界大战之后,代表了大陆法系违宪审查的现代发展方向。虽然各国宪法法
141 院之间有所差异,但更具有许多共同的重要特点:都是独立的法院,不同于各国内部的其他法院系统;都享有决定法律是否违宪的排他性权力;在德国、意大利和西班牙,宪法法院所作的关于某

一法律违宪的裁决，不仅对案件当事人，而且对一切诉讼活动的参加者都有拘束力。在所有以上三例中，其程序的特点和专门规定法官任免和任期的规则，使宪法法院具备了明确的司法性质，正与法国宪法委员会的政治性质相反。

宪法法院的程序大致如下：在民事、刑事、行政或其他法院提起的诉讼中，当事人可以对该案件具有效力的某一法律提出反对；问题提出后，诉讼中止，由宪法法院对所提出的问题进行审理；判决既经作出，原来的诉讼程序宣告恢复，并按照宪法法院的裁决审理。如果宪法法院认为某项法律合宪，则在原来的诉讼中仍可适用该法律；反之，如果宪法法院认为这个法律违宪，那么该项法律就没有效力，因而不能适用于原来的诉讼或其他任何诉讼。这一程序说明了对法律违宪性问题采用了所谓的“附带审查”（incidental review）。

在美国的违宪审查制度中，只允许在具体案件或纠纷的语境下提出法律是否违宪的附带审查，是唯一可以采用的程序。而在德国、意大利和西班牙（以及其他大陆法系国家，包括奥地利、哥伦比亚、哥斯达黎加、危地马拉、墨西哥、秘鲁和委内瑞拉），还可以对法律违宪问题采用“直接审查”的程序。在这些国家，特定的机构甚至个人都可以向宪法法院提出审查某一法律是否违宪的诉讼，即使这个被要求审查的法律并不涉及任何具体的争端。以这种方式，美国所存在的受限于附带审查所固有的局限被超越，可以对抽象的合宪性问题进行听审。即使受到制定法和判决的限制，直接审查程序也大大扩展了宪法审查的实用性，超越了美国的审查程序。

先是创设独立的行政法院，后来又建立了特别的宪法法院，显然，许多大陆法系国家在通往实现大陆法系法学家称为“法治国家”（Rechtstat）之理想的道路上前进了一大步。法治国家是一 142

种政府制度,其中各种机关和官员的行为都要受合法性原则的约束,具有利害关系的当事人有可行的程序来检验政府行为的合法性,并当政府行为不合法时能获得适当的救济。大陆法系国家行政行为合法性的司法审查制度是否比我们普通法系国家更实际、更有效,尚颇有争论。在大陆法系国家,一种有效的立法违宪性审查制度的发展,比美国要晚得多,并且要判断其实际效果仍为时过早。但其基本的要素已经具备,而且存在着这样的可能性:在大陆法系国家,针对违宪立法的法律保护的范围最终可能会超过美国公民所能享有的保护范围。

在本书第六章中,我们谈到了,相比于立法权和行政权的威望,大陆法系法官的地位较低。自"二战"以后,违宪审查得到普遍采用的一个实际效果是增加了法官的权力,改变了法官的地位。他们日益增长的新优势是大陆法传统在进行激烈转变的一种强有力的指标。

第十九章　观点透视

在下章对大陆法系的未来作出展望之前，有必要回溯一下前述各章的论述。我们需要纠正这些论述中的某些偏颇之处。为了说明各章的问题，我们往往有选择地运用材料，突出强调某一方面，或者过于简单地阐述问题。要想对大陆法系有进一步了解，最理想的方法就是博览群书。为此，我们在书末附上了简要的推荐阅读书目。这些书籍和文章本身又涉及其他的文献资料，仍有余力的读者可以进一步研读。这是完美理解大陆法系的更好方式，而本章只能权且作一个不太令人满意的替代。 143

可能对大陆法系产生误解的原因之一，就是我们难以保证所思考的精确目标。在本书中，我们并没有具体描述任何一种现存的大陆法系制度；相反，我们力图叙述某些对现代大陆法系各国的制度的发展具有深刻影响的重大历史事件和思想流派，这些事件和思想是大陆法系各种法律规范、诉讼程序、法律机构的形式和内容的历史渊源。事实上，大陆法系各国的具体法律规范千差万别。各国法律对于反复出现的典型社会问题的具体解决办法，尽管有时相似，但也经常大不相同，甚至截然相反。例如，在德国，土地转让必须到土地登记处进行登记，否则转让无效，但在比利时，这种登记甚至都不存在；法国的法律职业是一个分裂的行业，但在智利则从来都不是；意大利仍然存在宣誓断案制度，而奥地利却已经废除了这种制度；西班牙的法院系统、法官组成以及管辖权与荷兰的相关制度大不相同;墨西哥的"amparo"不同于巴西的"mandado de seguranca",而两者[1]与意大利的"宪法审查制度"又相去甚远。

144 制度不同的例子不胜枚举。事实上,在具体的应用层面,即某一特定的法院按某种特定程序,适用某一特定法律,处理某个特定案件,很难找到两个操作方式完全相同、判决结果完全一致的大陆法系制度。而且,在审判案件中起作用的一国的实体法、程序法以及司法机构所形成的合力,几乎不可避免地不同于他国相似力量所形成的合力。在本书中,我们所强调的并不是这些差异,而是这些法律制度之间的共同点,强调的是将这些不同国家法律制度联系在一起的方式,从而使大陆法系与其他法系、其他法律传统的产物区别开来。

然而,当谈到大陆法系本身时,存在类似的问题。大陆法系传统的各个组成部分对各国法律制度的影响不同。如果论及德国的法律科学,则它从没有在法国深入扎根,但在法律科学的意义上,意大利却已经变得比德国更"德国"。法国大革命的意识形态对《拿破仑法典》的形式、风格和内容产生了重大影响,《德国民法典》却有意识地在很大程度上(并非全部)抵制了法国式法典编纂的各种理论基础。19 世纪以来制定的民法典,则是兼受法、德两方面的影响。如果论及罗马私法,它成长于意大利,被德国正式接受,而逐渐渗透进法国,对这些国家的法制产生了不同的后果。此外,本土法律对大陆法系各国法律制度产生的影响也各有不同。在意大利,"共同法"就是本土法,但在其他一些欧洲国家,特别是法国和德国,各自的当地习惯法和习惯制度得到了有意识的保留、发扬,并融入了国家新的统一法律制度。而另一些国家,

---

[1] 两者皆指法律审查制度。——译者注

如西班牙,区域的土著法律特征被作为地方适用的法律(如加泰罗尼亚、阿拉贡,以及其他的前独立王国的法典)保留了下来。

法典产生的时代是另一个主要变量。比如,大陆法系各国的民法典生效的年代各有不同,从1804年至今仍然有效的《拿破仑法典》到"二战"后一些国家颁布的崭新的民法典。解释与适用非常旧的法典所涉及的问题当然与非常新的法典所遇到的问题截然不同。旧法典是另一个时代的产物,它不可能反映新法典所关注的大量现代问题。不能让旧法典现代化会导致两个主要后果: 145
其一,旧法典有阻碍经济和社会变化的倾向;其二,也是更重要的,旧法典给司法解释施加了使其成为法制发展中的进步因素的更大负担。社会的需要与旧法典所规定的内容之间的差距越大,就越需要法院对旧法典的条款作出新解释以适应这种需要。这样,司法判例即便不在理论上也在事实上变成了法律的渊源。

大陆法系国家法律秩序的实际运作受到两个因素的影响,其一,法典生效的时代;其二,司法机关对旧法疏漏的回应。在法国,富有创造力的司法机关降低了《拿破仑法典》对社会和经济进步的阻碍。但在某些大陆法系国家,特别是欧洲大陆之外的大陆法系国家,法国式的旧法典所适用的仍是产生于法国大革命的情景。其结果是:司法机关不能对一个不断变化的社会和经济体的需要作出适当回应。在奉行法国式法典及法官和立法者的法国革命形象同时,这些国家却未能发展出法国式的实用解决办法,即一种并不光明正大却行之有效的创造性司法。

因此,有必要加以强调的是:本土影响以及大陆法系传统各要素的混合程度、法典制定生效这类重要事件的时代以及法国、意大利和德国对各国法律活动的影响程度等因素在整个大陆法系国家各不相同。这为不同的实体法规范、法律制度和法律程序增加了一系列变量。大陆法系国家虽共享大陆法系的同一传统,但共享的程度却不尽相同。

扭曲对大陆法系描述的另一个原因,可能是因讨论的性质而必然具有的选择性。本书中,我们仅仅考察了大陆法系几个明显的共同特点,尽管这些特点也许是最重要的,但不能忘记并非仅此而已。例如,我们没有详细讨论欧洲王室传统的力量,或者法国革命后保留下来的绝对君主专制时代的许多法律制度和思想的残余;我们没有仔细考察“国家一旦受制于绝对的统治,就很容
146 易通过这样或那样的形式滑向专制主义”。关于这一点,有大量的历史事件可以引以为证。我们也没有考虑欧洲各国政府的行政机关实际上是君主制的产物这一事实,而我们也未讨论若要理解大陆法系演化出的对行政行为进行法律控制的特殊方式,这样的起源所具有的重要性;我们没有评论政府管理的日益专业化以及政府管理成为由法律职业者把持的特别职业(尤其是在德国)的趋势。凡此种种,不一而足。在这本书中,我们所论及的只是一些相对浅显的问题。

法律是文化的一部分,并且是历史悠久且根深蒂固的一部分。基本的法律意识与深刻的社会、政治、经济思想之间有着错综复杂的密切联系。法律源于其他文化,又为其他文化增添了新的内容,两者之间互为补充,不可分割。我们试图理解它们之间的某些相互关系,但如果认为我们已经穷尽了这个论题,那将是错误的。

大陆法系的某些方面已不断受到或显或隐的抨击。批评尤其认为:大陆法系对分权原则的强调已趋过分;竭力排斥法官创法的做法不但徒劳无功,而且最终也为社会所不取;追求法的“确定性”已成为不切实际的守株待兔之举和毫无意义、口号式的主张,各种立场都可以引为所用;立法机关的作用过分膨胀,该机构的能力无法应付社会对它提出的要求;德国法律科学的前提和方

法将法律与法律理当解决的社会问题相隔绝,仍在维持着一系列已经过时的对社会、经济的假想;大陆法系以错误的学术传统为主导,将大陆法系法学家那种巨大的潜在影响和大量的精力、创造力以及成熟的学术思想转化为基本无果的追求。

这不仅是美国法学家因对外国法律传统了解不足,而误解了显然不同的特征,这些批评并非起源于普通法系法学家,而全是大陆法系法学家们自己所作的批评,他们批判地考察自己的法律制度,倡导对其进行改革。这样又产生了对大陆法系误解的第三个原因:认为大陆法系完全统一和静止不变。但皆非如此。

我们在本书中所描绘的大陆法系,首先是在众多的历史和文化力量的竞争中居优先地位的一系列思想影响和主张。在这些竞争中,它们显示了卓越的生命力,被广泛地接受下来。从 17 世纪和 18 世纪的思想以及从资产阶级革命胜利成果中产生的实证主义国家的法律模式,代表着其追随者战胜了自然法支持者所持的强烈的观念,也击败了其他形式的社会和政治体制的主张。在法国和德国,罗马私法—共同法(Roman civil law – jus commune)与地方法律传统竞争统一国家的立法的主导地位。而德国法律科学只不过是关于法学研究的目的、方法以及法律秩序的性质和作用的一套理论而已。在大陆法系历史的每一个时刻,都有各种不同的力量在发挥作用,这在今天尤为突出。大陆法系法学家批判地考察了法律制度的各个方面,他们不仅质疑具体的规范、制度和程序,而且对法律传统中赋予实存的法制形式和内容的基本组成部分进行质疑,传统的法律观念不断受到攻击。本书中,我们所看到的大陆法系的概貌,只是这个多元的法系中最突出和持久的部分。 147

大陆法系绝非完全统一,它也同样处在不断的变革之中。我们所阐明的大陆法系的主要特点,仅是反映了从公元前 5 世纪开始并预计未来将持续很长时间的整个发展过程中的一个阶段。仅仅罗马私法就经历了许多阶段,从前古典法开始、经过古典法、查士丁尼的《国法大全》、注释法学派的评注、人文主义学派的著作、法国的法典编纂、萨维尼及其历史法学派的理论、德国的法律科学,最后到《德国民法典》。这些仅是大陆法系结构中的一条线。教会法开始仅是教会的法规,随着教会权力的扩张,它在宗教审判中得到发展,教会法庭获得审判世俗事务的权力后,教会法的影响进一步扩大,对后来共同法的形成和发展做出了重大贡献。宗教改革之后,对大陆法系的发展具有的重大持续影响的教会法消失了。商法起初是实用主义的商人为满足自身的需要而创造的习惯法,最终商法和商事法院被国家化,和独立的商法典
148 一起成为国家官方机制的一个部分。今天,独立的商事法院正在渐渐消失,独立的商法典也是如此。

我们将在下一章中更全面地看到,大陆法系国家正在加速摆脱法律活动的革命模式的极端方面。普通法院对制定法的解释权的扩大,就是早期的重要步骤,公布和援用司法意见支持了此项改革的实现。创立审查行政行为合法性的法院,则是另一个重要步骤。即使如法国那样,这种法院在历史上只是作为行政机关的一部分,但现在在形式上和内容上都类似于法院。尽管"遵循先例"的原则在理论上并未获得承认,法院的实践是同类案件同样判决,与普通法法院的行事大体相同。晚近,刚性宪法的制定,弥补了由于否认自然法对立法机关的制约所造成的缺陷,相伴而来的是把立法机关的活动限定在宪法许可范围之内的许多措施。从立法机关到法院已经发生了权力的实质性移转(还有权力从立法机关向行政机关的移转,但这是另一个主题了),侵蚀着立法至上的信条。法院审查行政行为合法性的权力、审查立法行为合宪性的权力以及解释法律的权力,也使严格分权的信条受到挑战。

法官释法的程序稳步司法化，而且现在所有大陆法系国家的司法化都在加速。

德国的法律科学从它产生的那一天起，就一直是德国和其他国家法律思想家讽刺、嘲笑和直接抨击的对象。近些年来特别是第二次世界大战以后，对它的批判产生了更大的影响。越来越多的法学家呼吁运用新的方法研究法学，其中有些人主张摒弃法律科学的所有成果，另一些人则认为法律科学是大陆法系发展中一个有用但已过时的阶段。因此，他们希望保留其成果，特别是为法律所提供的秩序和制度，并以此作为研究基础。人们普遍认为，法律科学的纯粹性——不考虑任何法律以外的因素，已经把法学同社会生活割裂开来，而社会生活的问题本应该是它的基本考量。这种对社会、经济和政治不闻不问的态度，割断了法与其他文化之间的联系，使法学家越来越远离社会需要。同时，在一 149
些批评家看来，包含在法律科学抽象概念中的对社会和经济的假定，已与现代宪法的内容和现代政府的架构发生冲突。他们认为，法学张扬的私法关系、主观权利、私人的司法行为（如本书第十一章所述）的恒久不变和个人主义的、19 世纪的经济和社会达尔文主义，妨碍了政府对权力、地位和财富的再分配，使法律和法学家往往不自觉地成为保守力量。这些批评，对于大陆法系中的发展中国家尤其贴切而有力，特别是拉丁美洲。这里，最有说服力的评论是：法学正落后于文化的其他部分，有时不足以成为应当在法律框架内进行的经济和社会变革的动力，有时根本就与这些变革相对立，而且越来越常见地脱离变革进程。

上述对于法律科学的不满，随着法律制度重心的变化而进一步增强。法律科学的传统堡垒是私法，特别是罗马私法。直到近些年，民法典在大陆法系各国还起着某些类似宪法的作用，它所规定的个人权利体系，曾是政府保护和实施的主要任务。法律的一般理论和原则主要从私法的材料中产生,统领着立法和司法的过程。其结果是,民法典和民法学家的著述为法律活动提供了思想上的动力。但是,随着大陆法系主要国家采用反映新的社会和经济理念的现代刚性宪法,随着重要的大陆法系国家建立立法合宪性的司法审查制度,法律制度的重心开始从民法典到宪法、从私法到公法、从普通法院到宪法法院、从立法实证主义到宪法原则的剧烈转变。这些宪法的规定是指导法官解释和适用制定法(包括民法典规定)的另一套概念。宪法法院或其他法院所享有的宣布某项法律因违宪而绝对无效的权力,使宪法条款获得了极大权威。在法律制度中,现代的刚性宪法与司法审查制度结合在一起,与强大的法律科学传统相抗衡,这就是德国、意大利和西班牙的情况,法律制度正在进行根本性的调整。

150 认识了大陆法系的多样性、复杂性及动态性之后,我们最后将讨论的是最引人注目的观点,即两大法系之间的比较。大多数比较法票友会迫不及待地匆匆扫过本书以寻求两大问题的答案:大陆法系和普通法系之间的差异何在?二者孰优孰劣?但是,其中任何一个问题都可以成为另一本专著的主题,而不属于本书所要讨论的范畴。尽管如此,对它们各自略加评论也未尝不可。

其一,差异何在?在本书整个的讨论中,已做出了或暗示了大陆法系和普通法系各方面的许多比较,这通常是建立在读者对自己国家所属的法系有一般了解的假设上。由此,读者获得了两大法系之间差异的一些基本知识。但除非对普通法系十分精通,一般人很难进行完整的比较认识,即使对本书所选择讨论的问题也是如此。而且几乎不必多说的是,任何充分的比较都将涉及许多本书根本不曾论述过的问题。本书并不在于回答“差异何在”的问题,而只是指明两大法系间有某些差异,并描述它们的起因和意义。

其二,“孰优孰劣?”一般而言,这是一个愚蠢的问题,正如问法语是否比英语优越一样愚蠢。对谁而言更优?肯定没有一个人会说意大利人采用普通法系会更好,或者美国采用大陆法系会更好。法律根植于文化之中,并在文化的界限内回应特定社会在特定时空中的特定需求。法律究其根本是历史决定的过程,人们由此认识、阐述和解决某些社会问题。用一个法系去代替另一个法系既不可能,也不可取。

但是,从另一个角度看,又有一些值得认真考虑的问题:两大法系反映一定社会的合理需求的程度如何?在何种程度上,两大法系阻碍了有价值的社会、政治和经济目标的实现?大陆法系国家的法律制度是否比普通法系国家更加充分地发挥作用?对于 151
这些问题稍加思考,又会产生另外一些问题:通过什么标准我们可以作出这种判断?人们怎样确定复杂的社会、政治和经济要求得到满足的程度?甚至怎样明确断定这些要求是什么?对上述问题或许会有令人满意的答案,但显而易见,回答这些问题已经远远超出了本书的讨论范围。

然而,我们不仅要承认两大法系之间差异的微妙性和复杂性,而且还要认识到,误解这些差异对各种形式的国际交往所产生的负面影响。两大法系内的人对外国法制未经深思熟虑就脱口而出的片面结论和草率判断,是不断产生误解和愤怒的根源。它们妨碍国际谈判,削弱国际援助计划,影响文化交流的效果,误导努力并错误地配置资源。那些先要对外国的政治、历史、语言和文学有所了解才会出国的人,却几乎不可避免地完全无视外国文化中最古老而又最重要的组成部分之一,即其法律传统。

要求思虑周详的比较法学家定期组成团队,阐释普通法系内政府和私人的各个层面的对外政策和计划,这可能是可取的,却不大可能。经常召请他们参与制定和执行这些政策和计划也不大可能。一个原因是比较法学家人数太少,如果真有这种需要,问题可能会得到解决,但主要的原因是现实中根本没有这种需要。比较法学家未能让他人(无论是法律人士还是非法律人士)敏锐地认识到,通常影响我们与大陆法系国家关系的一系列专门知识中缺失了某些重要的东西。

缺失的是,学者没有认识到在普通法系之外的大陆法系中,有些重要的且不同的东西。这不仅是一套不同的法律规则,也不能归纳为大陆法系是法典法而普通法系是判例法的成见,而是比这更微妙、更普遍。它具有历史、政治、社会的维度。总之,是文化的维度。任何人,不管是法律人士还是非法律人士,想要了解欧洲和拉丁美洲(或在这个问题上,中东、亚洲和非洲的大陆法系国家)都应该熟悉大陆法系的传统。

第二十章　大陆法系的未来

至此,我们已经勾画出了产生于法国大革命和法律科学的大陆法系的总体形象:(1)法律领域里的主体仅仅是国家和个人;(2)立法至上;(3)立法、司法和行政的严格分权制;(4)严格受限且缺乏创造力的司法活动;(5)对"遵循先例"原则的否定;(6)民法典及民法理论的重要性;(7)发达且严密的法律概念体系;(8)对法律"确定性"的执着追求。此外,我们还看到,这种19世纪模式的法律体系在现代大陆法系国家受到多方面的抨击和侵蚀。本章将进一步关注这种侵蚀过程,并描述大陆法系国家看来目前正在发生着的基本转型。这种转型部分表现为民法典作用的衰微,部分表现为宪法权威的树立,部分表现为欧洲联邦主义的勃兴。大陆法系国家的这些彼此关联的趋势,即"非法典化""宪法化"和"联邦化"看来不可逆转。这些趋势动力十足,表明它们将对大陆法系的发展继续产生影响。首先,我们来讨论"非法典化"问题。 152

"特别立法"在大陆法系国家指围绕着法典而发展起来的法律,并调整法典条款本身所涉事项。对大陆法系国家的法律稍作观察即会发现,存在大量特别立法作为民法典的补充。这些立法有些旨在细化和说明法典调整的事项,澄清法典的立法本旨。但大量的特别立法却迥然不同:它确立特别的法律制度,即所谓的"微观法律制度",这种制度与法典的基本思想相距甚远,在此意

153 义上与法典本身并不相容。劳动法即是为人熟知且重要的例证。在传统的民法典中,“劳动关系”仅仅被视为个人之间行使缔约自由而成立的一类合同关系,劳动合同与其他形式的合同并无实质差异,所不同者仅为:货币购买的是劳动而不是货物或不动产。但在现代大陆法系国家,正如在美国一样,劳动关系的核心参与者是大规模的劳资双方,而非个人劳动者。劳动立法的各种目标与大陆法系国家民法典制度的目标大不相同:(1)员工的福利和安全;(2)产业和谐与高效的生产力;(3)规制工会和雇主协会的内部事务和公共责任,等等。传统的大陆法系国家将劳动关系交由私人处理,以追求各自的利益,国家在劳资关系中主要扮演执行游戏规则的裁判角色;然而,新的劳动立法却包含了政策选择,并力求达到特定的社会目的。因此,劳动法的微观法律制度与传统民法典的劳动合同在方向和技术上都有着根本差异。

劳动法也说明了特别法的另一侧面:它并非立法者深思熟虑后通过协商,表达其实质共识的产物;相反,劳动法只是特殊利益关系(在此是劳资关系)在立法领域中形成的妥协结果。立法者当然会影响结果,但不同利益的政治及经济权力以及这些利益所带来的专业知识和游说的质量却是决定性的力量。(正如一位意大利学者所言,传统民法典所规定的“合同对当事人而言就是法律”的原则,在特别立法的情形下,已经被改成“法律对当事人而言就是合同”的原则。)由于特殊利益具有特殊性,他们关注的往往是自己的问题,各自的关切不同。一个结果是,与传统民法典的形式与思想的一致性相反,特别立法是异质的、多样的、多元的。

就民法典相关的各种主题,产生了重要的制定法的微观制度,诸如城市土地租赁、耕地租赁、知识产权、公司行为、公司证券的上市与交易等,这里仅举几例。这些法律不仅是法典的补充,它们成功地与法典相竞争。(实际上,这些微观法律常被冠以“法典”之名。例如,《法国劳动法典》(the French Code de Travail),从而正式确立了其与传统法典的竞争地位。)裁判的案件以特别
立法而非民法典的规定为裁判依据。特别立法的勃兴致使传统 154
的法典越来越成为剩余法(residual law):只有当特别立法没有相关规定的时候,才转向传统法典以寻觅判案的依据。如果一部精心制定、逻辑严密的民法典的功能之一是确保法律的“确定性”(见本书第八章),那么显而易见的是,大量特别立法削弱了对这种确定性的追求。

与制定法微观制度发展平行的是同样重要的法官造法的制度的发展。前已提及,法国式侵权行为法便是一个突出的例子。法典的规定粗放,欠缺实质意义,因此,法官不得不根据个案创设可适用的法律。因此,关于侵权行为,起作用的法律不是在法典中查找,而是源于法典之外,即源于被广泛公布、参照和援引的法院判决。与立法程序不同(立法是零星地实质性增加法律),司法程序却具有渐进和累积的性质。随着时间的推移,事实所体现的意义以及法官对恰当的审判结果的态度发生转变,法律也会随之改变。今天,在裁决机动车事故案件时,无论是法国还是德国的法官均无法忽略机动车的巨大拥有量、交通事故的不可避免性以及存在公众责任保险等现象。当这些考虑因素逐渐进入司法判决后,与引入的许多特别立法类似,这也会导致法律发生改变。新法律的观念,与传统民法典的前提与目的已截然不符。

由特别立法和司法判决所产生的微观法律制度的数量众多且十分重要,这有助于我们理解常常使普通法系法律人士困惑的问题:为何大陆法系国家仍然保留其古老的民法典,而不是以现代的法典取而代之?特别是法国,最古老的民法典依然有效。就法国而论,部分原因在于:对于《拿破仑法典》,法国人总是引以为

傲,有着难以割舍的依恋情结,它是一座文化的纪念碑。因此,任何取代《拿破仑法典》的提议都会招致顽固的抵抗。尽管如此,20世纪也有两次全面修改法典的尝试。第一次尝试几乎一无所获。第二次尝试始于1945年,起初雄心勃勃,组成了由著名法学家牵头的专门委员会,辅之于大张旗鼓的宣传、信心十足的讲座、定期期刊的发行,以及部分草案的提交,等等。然而,渐渐地,委员会影响日衰,然后从公共视野中完全消失。最后,这种尝试被完全放弃,从此便悄无声息。此后,所有的努力都集中于对法典进行
155 零敲碎打的修订。到目前为止,《拿破仑法典》超过1/3的内容已被修改、替代或者被废弃。此种程序是在保留而非取代这一纪念碑的基础上进行的。法典原有的编排顺序得以保留,新的规定依循了原来的体例。即便是这样的程序,经过一段相当快速活跃的时期后,也开始放缓。与此同时,法典之外,大量立法与司法创制的微观法律制度却几乎未受到法典修订进程的影响。

其原因是民法典是某一特定意识形态逻辑一致的表达,关于此点,本书第五章已经进行了讨论。但是,法典之外的微观法律制度却反映了其自身的态度和价值观,而此种态度和价值观常常有悖于法典的态度和价值观。上述对法典进行零星修订所涉及的是法典中较为容易的部分,对其修订以适应现代生活并无大碍。但是,将特别立法部分纳入法典本身的任何努力均会引发棘手的难题,即微观法律制度可能与法典本身的立场不相吻合。此外,特别立法篇幅巨大,将其纳入法典将使法典膨胀而成为难以掌控的宏篇巨制。因此,可行的方法是放弃编纂新法典的设想,而让旧法典继续保留其历史性的尊严和作为剩余法的功用。具有重要意义的是,20世纪,苏联以及其他社会主义国家编纂了新的法典,在这些国家,社会主义意识形态和集权统治提供了必要的统一推动力。在法西斯统治的意大利时期,起作用的是另一种

迥异的意识形态和集权统治。在希腊,则亟须打破 19 世纪教会法作为其主要民法渊源的局面。

立法至上观念的衰落(我们已在本书第五章中进行了讨论),目前已出现另一个重要的维度。我们知道,立法机关可以将立法权授予行政机关,行政机关根据授权制定“立法性命令”,实际是在立法。20 世纪下半叶,整个大陆法系中,这种做法都发展迅猛,原因似乎是代议制机关日益不能胜任 19 世纪意识形态所赋予它们的使命。因此,许多现代立法并非普选出的议会的产物,而是行政部门内部通过较少公共进程制定的。一些观察家认为,这是 156
1958 年法国第五共和国宪法颁行的一个符合逻辑的结果。议会之前所拥有的无限制立法权很大一部分已经授权给行政机关,从而大为缩减。而一个特别机构——“宪法委员会”用于确保议会不得超越目前已受限制的立法权。行政官员直接以颁布“法规”(regulations)来行使立法职能。法国新民事诉讼法典就是以这种法规的形式颁布的,这种宪法性改变的影响由此可见一斑。议会并不需要废除旧法典而批准新法典。行政法规本身即具有废旧立新的效力。

随着公共行政的发展,立法机关和立法(包括法典)的作用进一步衰落。在公共行政机关任职的人解释法律、颁布规则并作出裁决。他们构成了最大的政府分支,无论是从人数抑或从工作量来看,都远超司法和立法机关的总和。的确,在理论上,行政官员应当服从法律,不得滥行职权。然而,对法官也有这样的要求,但我们已经看到了,立法对司法解释法律的控制是微乎其微的。解释和适用法律、制定法规、裁决争议,行政机关实际上具有很大的增量立法空间。在法国以及法国模式的国家里,行政机关是否滥行职权不是由立法机关或法官予以认定的,而是由公共行政机关自己的成员,通过行政院来认定。关于是否滥用职权,行政院制定了一整套法律规则,这些规则很大程度上独立于立法机关的立法。行政法由此与其立法渊源相背离。较之立法和司法,行政立法对公民生活的影响常常更为直接和深刻。实际上,行政诉讼发展得比普通法院的诉讼快得多。

大陆法系国家的某些法学家将非法典化以及立法权威衰落的结果与法国大革命前的欧洲(本书第三章进行了讨论)状况相比,他们认为,法律再次变得不确定、复杂和特殊了,因此与确定、
157 简明和统一的需求发生了冲突。有些人则以相对温和的态度看待正在发生的变化:法律制度从单中心向多中心的演进恰恰是社会向更复杂、多元和多中心迈进的正常结果。如果法律的半衰期较短,变化更快,仅仅是社会变革日益加快的正常反映。在以消费者为中心的、"用完即弃"(dispasable)的社会里,单个的法律及对这些法律的主流解释也变成"用完即弃"的了。

在整个大陆法系中立法和法典的作用已衰落的同时,将宪法视为法律最高渊源的实践却在发展,挑战立法或其他政府行为合宪性的机会的范围也在扩大。在欧洲,此种现象表现为新宪法的制定,通过新宪法设立具有司法审查权的法院,如奥地利、德国以及意大利的宪法"法院",西班牙的宪法"法庭"以及法国的"宪法委员会"。在拉丁美洲和日本(受美国影响的国家),司法审查权通常由国家的最高法院加以行使,最高法院长期以来在理论上具有违宪审查权。不过,一些拉丁美洲国家,如哥伦比亚和危地马拉,更倾向于欧洲宪法法院的模式。最新的趋势是行使司法审查权力的力度也在增长。

不仅大陆法系国家的违宪审查制度与美国的制度并不完全相同,大陆法系内部任何两种审查程序也不完全等同。比如,通过哥伦比亚的所谓"公众诉讼"(popular action)以及德国的"宪法诉讼"(constitutional complaint),一般民众可以直接提起违宪诉

讼,而在美国就不行。法国宪法委员会,为了看起来与分权理论相符合,被界定为一个非司法机构,它有权阻止违宪立法的颁行,但对于已经颁行的法律,它却无能为力。更多的差异在本书第十八章中有所讨论。

尽管存在诸多不同,宪政主义的进程亦表现出若干共同特征:一方面,新的宪政主义突出地寻求保障或扩大个人权利,如民事诉讼和刑事诉讼的正当法律程序权;平等权;结社自由、迁徙自由、言论自由、宗教自由;受教育权、工作权、健康权以及经济保障权。作为革命目标的“旧的”个人权利,如人格权、财产权和缔约 158
权,在民法典中得到了“宪法性”的保障,在很大程度上已通过普通法院适用传统法律渊源及方法悄然得到了实现和强化,宪法则成了新的个人权利的发端,而宪法诉讼的冲突是界定和执行这些权利的媒介。在这种意义上,宪政主义的兴起是非法典化的另一形式:民法典不再继续履行一种宪法功能。如前所述,目前,此种功能已从私法中的“私法”——民法典——转移到了公法中的“公法”——宪法。

显然,新的宪政主义包括赋予法官更多的权力和威信。毋庸置疑,这里的法官不是指在普通法院供职的法官(虽然普通法院法官也分享了部分新增的权力),但这种差异已经丧失了基本的意义。对于普通公民以及越来越多的学者而言,宪法法院的判决就是有权宣告立法无效的法官的工作。对于立法至上、分权原则以及有限的司法作用等观念,人们仅仅存有日渐淡漠的依恋之情。相对于普通法院的判决而言,宪法法院的判决更具魅力,常常吸引着公众和媒体的关注。的确,普通法官的传统就是遵从立法者的意愿,避免躁动、默默无闻。相对而言,宪法法院法官却是举足轻重的人物,其表决和意见就是新闻,就是公共议论的话题。他们的判决与大陆法系传统的学术概念结构以及风格渐行渐远,其所采用的术语和观念让法律科学颇感陌生(因此,他们常常被指责为不科学,在此意义上,倒也的确如此)。因非法典化导致的丧失确定性由此扩大为丧失法律科学的逻辑结构。总之,随着宪政主义的兴起,本书第三章所描述的法律活动各个方面的情形都削弱了不少。

欧盟的发展与《欧洲人权公约》的法律机制对旧制度的破坏呈指数增长。欧洲法院有权撤销与共同体法有冲突的成员国的国内立法。欧盟法律,恰如美国宪法下的联邦法,具有最高效力:
159 成员国法院有义务拒绝适用与共同体法有冲突的国内立法。在涉及共同体法的解释事项时,成员国法院必须向欧洲法院寻求解释。违反《欧洲人权公约》的国内立法可以在欧盟委员会以及欧洲人权法院被挑战。国家对内和对外主权均受到极大削弱。在国家内部,人权的扩张以及对利益集团和利益阶层的承认将主权从国家转移至个人、团体和阶层;在国家外部,欧盟法律及《欧洲人权公约》不断增长的权威则将主权从国家转移至国际组织。

在考虑这些事件时,有些人将其与中世纪时期相提并论:当时欧洲因罗马—教会法(共同法)而统为一体。他们将欧盟法律以及《欧洲人权公约》视为一种新的欧洲共同法的基础,构建于共同文化和共同利益的基础之上,而这正是对若干世纪以来过分强调民族国家的反向运动。英国,作为普通法的摇篮,是曾经的欧盟成员国,也是《欧洲人权公约》的缔约国。[1] 这一事实表明了这样一种可能性,甚至是必要性:大陆法系与普通法系可以和睦共存。虽然存在一些困难和令人不尽满意之处,但欧洲联邦制是对当代大陆法系(以及普通法系)产生重要影响的充满生机的强大动力。

---

〔1〕 本书的英文版第三版出版于2006年,当时英国尚未脱欧。——译者注

法律的变迁当然是不可避免的,我们在这本书中描述了大陆法系的重大变化。在1800年时描述大陆法系的观察者,即使深思熟虑,也不可能预见或者感知到我们置于这个法系中心的这些特征的意义。而我们在此描述的大陆法系也不同于本书1969年的第一版所呈现的面貌。

一种传统,根据其定义,就应该是持续传承,且似乎反对创新和改变。大陆法系传统的变化是否表明其衰落?显然不是。如赫拉克利特所言,江河奔流,而我们永远不可能两次踏进同一条河。虽然传统改变了,但它仍遵循着一种模式,存在路径依赖。改变社会的力量必然影响法律制度,但是是以之前的经验确定的方式。变化是生命持续的标志。

虽然非法典化、宪法主义以及联邦主义运动产生了引人注目的影响,但以此推论大陆法系正在丧失其生命力则失之偏颇。恰 160
恰相反,大陆法系比以往更加生机勃勃。正如本书需要讨论法律早期的发展历史一样——罗马法的盛衰;教会法的变迁;独立商法的兴起、演进以及最终被民法所吸纳;法国大革命这一震撼事件;法律科学所取得的巨大成就等。总有一天,在大陆法系之中又要添加一新的亚传统。对此,我们现在尚不知道它称为什么,也无法预测将来的观察者会如何描述它。但是,我们有理由相信:这一最古老、最富影响力的西方法系已经步入一个崭新和充满活力的发展阶段。

推荐阅读书目

关于大陆法系的一般阅读书目

1. Renè David & John E. C. Brierly, *Major Legal Systems in the World Today*, 2nd ed. The Free Press, 1978.

该书是达维的重要著作 Les Grandes Systemès de droit contemporains 的英文译本。该书讨论了他所称的“罗马—日耳曼法系”(第 21 ~ 118 页)。达维教授讨论了我所讨论的部分问题,但其侧重点以及观点常常迥然相异。

2. Mary Ann Glendon, Michael W. Gordon, and Christopher Osakwe, *Comparative Legal Traditions in a Nutshell. St. Paul*, West Publishing Company, 1982.

该书中,格伦顿教授对“大陆法系”有精到的论述。

3. John Henry Merryman & David S. Clark, *Comparative Law: Western European and Latin American Legal Systems – Cases and Materials*, Bobbs – Merrill, 1978.

如同下面提到的施莱辛格、冯 · 梅伦以及高德利的著作一样,该书为法学院的法学教材,但是除了法国和德国的法律制度外,该书的独到之处在于对意大利、西班牙、拉丁美洲的法律制度的讨论。

4. Lawrence Friedman & Rogelio Perez – Perdomo (eds.), *Legal Culture in the Age of Globalization: Latin America and Latin Europe. Palo Alto*, Stanford University Press, 2003.

这是阿根廷、巴西、智利、哥伦比亚、法国、意大利、墨西哥和委内瑞拉的法律及法律文化转型的合集以及若干比较研究。

5. K. W. Ryan, *An Introduction to the Civil Law. Brisbane*, The Law Book Company of Australasia, 1962.

该书对大陆法系的基本规则和制度作了有用的总体论述，但几乎都以法国法和德国法为基础。该书对大陆法系进行了精彩但过分简略的历史性和概括性描述介绍。

6. Rudolph B. Schlesinger, *Comparative Law: Cases – Text – Materials*, 4th ed. Mineola, Foundation Press, 1980.

7. Arthur Taylor Von Mehren & James Russell Gordley, *The Civil Law System: An Introduction to the Comparative Study of Law*, Little, Brown and company, 1977.

施莱辛格和冯·梅伦及高德利的著述均为法学院学生读本，其所选材料可能使那些不习惯阅读法学教材的人感到困难。施莱辛格的书相比简单些，所以对一般读者而言也许更为适合。这两本书都仅讨论了法国法以及德国法。

8. Konrad Zweigert & Hein Kotz, *Comparative Law*, 3rd ed. Clarendon Press, 1998.

该书第一卷对“罗马法系”以及“日耳曼法系”进行了简要却清晰的讨论。

关于大陆法系基本内容的阅读书目

关于罗马法

1. F. H. Lawson, *A Common Lawyer Looks at the Civil Law*, Michigan Law School, 1953.

该书包含了关于罗马法对当今大陆法系影响的若干讲座，读之令人愉悦。此外，作者对大陆法系的若干重要方面都进行了独到、精辟以及深邃的说明，是阅读的基本材料。

2. Hans Julius Wolff, *Roman Law: An Historical Introduction*, University of Oklahoma Press, 1951.

该书作了非常出色的历史性考察。特别推荐该书最后一章，对查士丁尼

《国法大全》之后罗马法的演化进行了精辟的论述。

3. Peter Stein, *Roman law in European History*, Cambridge University Press, 1999.

该书是这一主题最新且非常全面的论述。

关于教会法

1. *A General Survey of Events, Sources, Persons, and Movements in Continental Legal History*, Little, Brown, 1912.

该书第九章有二十余页讨论欧洲法律史中的教会法。

2. John Henry Wigmore, *A Panorama of the World's Legal Systems*, Washington Law Book Company, 1928.

该书第十七章专门讨论了教会法。

3. Constant van de Wiel, *History of Canon Law*, Peeters Press, 1991.

关于商法

1. W. A. Bewes, *The Romance of the Law Merchant*, Sweet and Maxwell, 1923.

2. William Mitchell, *An Essay on the Early History of the Law Merchant*, Cambridge University Press, 1904.

米切尔的书相对更好,更应推荐给读者。贝维斯的书则简单些,有点无规律的空想。两本书均相当简略。

关于法官作用

John P. Dawson, *The Oracles of Law*, Michigan Law School, 1968.

该书以丰富的细节描述了早期到20世纪罗马、英国、法国以及德国的司法传统。虽然该书具有很好的可读性,但对于比较法的业余爱好者而言,却具有一定难度,但该书的确值得一读。

关于律师

1. Richard Abel & Philip Lewis (eds.), *Lawyers of the World*, Civil Law Systems. Berkeley: University of California Press, 1988.

2. David Clark, *Comparing the Work and Organization of Lawyers Worldwide: The Persistence of Legal Tradition*, in John Barcelo Ⅲ and Roger Cramton eds., Lawyers' Practice and Ideals: A Comparative View, Kluwer Law International, 1999.

3. Rogelio Perez Perdomo, *Latin American Lawyers*, Stanford University Press, 2006.

关于程序法

1. Adhemar Esmein, *A History of Continental Criminal Procedure with Special Reference to France*, trans. by John Simpson, Little, Brown and Company, 1913.

该书是关于欧洲大陆刑事诉讼法历史的经典之作。

2. John A. Jolowicz, *On Civil Procedure*, Cambridge University Press, 2000.

该书是以比较的视角探讨最近的变化。

关于特定国家和地区的法律制度

1. 除以下所列书目之外，关于各国法律制度的论述，可参阅 *International Encyclopedia of Comparative Law* 第一卷，Tübingen: J. C. B Mohr; The Hague and Paris: Mouton. v. d.

2. Herbert Kritzer(ed.), *Legal Systems of the World: A Political, Social and Cultural Encyclopedia*, Abc – clio, 2002.

法国

1. Renè David, *French Law, Its Structure, Sources, and Methodology*, Tr. Michael Kindred, Louisiana State University Press, 1972.

该书为著名法国学者所撰，全面考察了法国法律制度，可读性强，权威性高,属基本读物。

2. F. H. Lawson, E. A. Anton, L. Neville Brown, eds. , *Amos & Walton's Introduction to French Law*, 3rd ed. , Clarendon Press, 1967.

该书主要研究私法,对法国的私法进行了系统性的(虽然简略)历史考察。

德国

1. E. J. Cohn. , *Manual of German Law*, Vol. I. Dobbs Ferry, Oceana Publications, 1968.

这本优秀著作的第一章和第二章对德国法律制度以及大陆法系作了简要的介绍。

2. Norbert Horn, Hein Kötz, Hans G. Leser, *German Private and Commercial Law: An Introduction*, Clarendon Press, 1982.

该书具有可读性和权威性,前几章对德国法从历史角度进行了系统的介绍。

意大利

1. Mauro Cappelletti, John Henry Merryman, Joseph M. PeriUo. , *The Italian Legal System: An Introduction. Stanford*, Stanford University Press, 1967.

该书是关于意大利法律制度最早的英文读本,现在有些过时了。

2. Jeffrey S. Lena & Ugo Mattei eds. , *Introduction to Italian Law*, Kluwer Law International, 2002.

该书包含了若干意大利学者对意大利法律制度的论述,颇有教益。

墨西哥

Guillerrno Floris Margadant S, *An Introduction to the History of Mexican Law*, Oceana Publications, 1983.

如该书标题所示,它主要讨论墨西哥法律史,但也包含有关墨西哥法律制度的丰富信息。

拉丁美洲

1. Angel Oquendo, *Latin American Law*, Foundation Press, 2006.

该书是关于拉丁美洲法律制度改革的最新读本，专为美国的法学院教授这门课程而设计。

2. Kenneth L. Karst, *Latin American Legal Institutions: Problems for Comparative Study*, UCLA Latin American Center, 1966.

虽然该书为法学院教材，却包含了丰富的资料，对非法律专业人士具有极高的参考价值。

3. 关于拉丁美洲具体国家的法律制度，请参阅由美国国会图书馆法律图书馆出版的《各国法律及法律文献》，这些国家包括阿根廷、玻利维亚、巴西、智利、哥伦比亚、厄瓜多尔、墨西哥、巴拉圭、秘鲁、乌拉圭、委内瑞拉。虽然这些文献主要是提供参考书目，但也包含对相关法律制度的大量介绍。

索　引

外文	中文	页码
Absolute rights	绝对权	74
Absolute sovereignty	绝对主权	21 – 22
Academic lawyers	法学家	107 – 109
Accusatorial system	控诉式制度	127 – 128
Administrative courts	行政法院	88 – 89, 111
Administrative law	行政法	94,97,134
Administrative regulations	行政法规	24
Administrative review	行政行为审查	134 – 135
Advocate	律师,普通律师	105 – 106
Age of Reason	理性时代	17
Agrarian law	土地法	98
Algeria	阿尔及利亚	4
Allgemeiner Teil	总则	69
Amalfi	阿马尔菲	13
Amparo	保护令	55, 123
Antifeudalism	反封建主义	18
Appeal	上诉	121 – 122
Appellate courts	上诉法院	40,121
Aristocracies	贵族	16
另见 Judicial aristocracy		
Aristocracy of the robe	司法贵族	16
“Articles of proof”	发问提纲	116
Astreinte	执行罚	54 – 55, 123

Austria	奥地利	
administrative jurisdiction and	奥地利行政司法权	89
civil code	奥地利民法典	45
civil proceedings and	奥地利民事诉讼程序	113 – 114
natural law and judicial interpretation	奥地利自然法与司法解释	45
revision and	奥地利复审	122
Autonomy	自治	
另见 Private autonomy		
Bar associations	律师协会	106
Baronial system	男爵制度	108
Basilica	希腊教会法	8 – 9
Beccaria, Cesare	贝卡利亚	125 – 126
Belgium	比利时	89
Bodin, Jean	让·博丹	20
Bologna	博洛尼亚	9
Brazil	巴西	55
British Empire	大英帝国	4
Burgerliches gesetzbuch (BGB)	德国民法典	53
Byzantium	拜占庭	8
California	加利福尼亚	27,28,33
Canon law	教会法	11 – 13,147
Cassation	上诉	39 – 41
Castile	卡斯蒂利亚	128
Certainty	确定、确定性	48 – 49,51 – 52,82
Chancery courts	衡平法院,大法官法庭	50 – 51
Chile	智利	140
China	中国	4
Civil code(s)	民法典	
amending	民法典修正	154 – 155
civil law systems and	大陆法系和民法典	27
in common law systems	普通法系中的民法典	33

constitutionalism and	宪政主义和民法典	158
development in France	民法典在法国的发展	28 – 31
development in Germany	民法典在德国的发展	12 – 13
historical overview	民法典的历史回顾	10 – 11
law of the general part and	民法典的总则部分	78 – 79
legal scholars and	法学学者(法学家)和民法典	57, 58, 59
the public law – private law distinction and	公私法划分和民法典	93
special legislation and	特别立法和民法典	152 – 155
variety in	各不相同的民法典	144 – 145
Civil contempt	民事藐视法庭罪	54 – 55
Civil juries	民事陪审团	113,120
Civil law	民法	
as a component of private law	民法作为私法的一个组成部分	99
general part of	民法的总则部分	69 – 79
modern dominance over commercial law	现代民法优于商法	100
subject matter of	民法的主题	68
tendencies toward a unified private law and	趋向统一的私法和民法	100 – 101
terminology	民法术语	6 – 7
Civil law nations	大陆法系国家	1
Civil law system	大陆法制度	6
Civil law tradition	大陆法系	
comparative perspective on	对大陆法系比较的视角	150 – 151
and critical attitudes toward legal science	大陆法系对法律科学的批评态度	148 – 149
criticisms of	对大陆法系的批评	146
is critically examined	批判性地审视大陆法系	147
is in constant transition	大陆法系在不断变革	147 – 148
modern changes in	大陆法系的现代变迁	149 – 150

overview of	大陆法系概况	2 - 5
perspectives on variety in	关于大陆法系多样化的观点	144 - 145
Civil lawyers	大陆法系法学家	26
Civil procedure	民事诉讼,民事诉讼法	
appeal in	民事诉讼中的上诉	121 - 122
damages and	损害赔偿与民事诉讼	124
differences between civil law and common law traditions	大陆法系与普通法系的区别	113 - 124
enforcement proceedings	执行程序	123
evidence and	证据与民事诉讼法	114 - 115, 118 - 119,120
example of	民事诉讼法的例子	117 - 118
introduction to	民事诉讼法介绍	112
issues of concentration, immediacy, and orality in	民事诉讼的集中性、直接性和言辞性问题	113 - 116
judicial opinions and	司法意见与民事诉讼	122 - 123
legal proof system and	法定证据制度与民事诉讼	118 - 119
stages in	民事诉讼各阶段	112 - 113
Civil trials	民事审判	113
Code Napoleon	拿破仑法典,法国民法典	10, 144, 145
amending	拿破仑法典修订	154 - 155
equitable power of the legislature and	立法衡平权与拿破仑法典	53
formation and character of	拿破仑法典的形式与特征	28 - 31
legal scholars and	法学家与拿破仑法典	19,58
Codification	法典编纂	
civil law systems and	大陆法系制度与法典编纂	17
in France	法国的法典编纂	28 - 31
in Germany	德国的法典编纂	31 - 33
ideology and	意识形态与法典编纂	28, 33

legal scholars and	法学家与法典编纂	57, 58
Colombia	哥伦比亚	157
Commentators	注释法学派	9,10,57,61,92
Commercial codes	商法典	100
Commercial courts	商事法院	87,147 - 148
Commercial law	商法	
discussion of	关于商法的讨论	99 - 110
historical development of	商法的历史发展	13 - 14, 147
Common law systems	普通法制度	1
Common law tradition	普通法法系	
certainty and	确定性与普通法法系	48 - 19
civil contempt and	民事藐视法庭罪与普通法法系	54
civil proceedings and	民事诉讼与普通法系	113, 115, 116, 117 - 118, 120 - 121, 123 - 124
codes and	法典与普通法法系	33
comparative perspective on	比较视角看普通法法系	150 - 151
court system of	普通法法系的法院系统	86
doctrine of stare decisis	遵循先例原则	23
England and	英国和普通法系	22, 26,50
judicial lawmaking and	法官造法与普通法法系	17
legal science and	法律科学与普通法法系	66 - 67, 79
overview of	普通法法系概况	2, 3 - 5
sources of law and	法律渊源与普通法法系	25 - 26
Common lawyers	普通法系法学家	26
Community law	共同体法	158 - 159
"Conceptual jurisprudence" doctrine	概念法学理论	64
Condominium	建筑物区分所有权	5
Conflicts Tribunal (France)	冲突法庭	89
Conseiller juridiques	法律顾问	106
Constitutional council (France)	宪法委员会	138 - 139,

		156 - 157
Constitutional courts	宪法法院	37 - 38, 89 - 90, 111, 140 - 141
Constitutionalism	宪政主义	4, 25, 137, 157 - 158
Constitutionality	合宪性	25, 141
Constitutional judges	宪法法院法官	158
Constitutional law	宪法、宪法性法律	94, 134
Constitutional review	违宪审查	135 - 142, 157
Constitutions	宪法	
flexible and rigid	柔性宪法和刚性宪法	136 - 137
judicial review and	司法审查与宪法	157
(另见 Judicial review)		
legislative supremacy and	立法权至上与宪法	136
modern changes in the civil law tradition and	大陆法系的现代变迁与宪法	149 - 150
significance of	宪法的意义	25
Contempt of court	藐视法庭	123
Contempt power	民事藐视法庭处罚权	
另见 Civil contempt		
Contingent fees	风险代理费	121
Corpus Juris Civilis of Justinian	《国法大全》	
commentaries on forbidden	禁止评论《国法大全》	7, 58
history and content of	《国法大全》的历史与内容	7 - 8
influence of	国法大全的影响	9 - 10
jurisconsults and the preparation of	法学家与《国法大全》的编纂	57, 58
prior law and	先前法律与国法大全	7, 18
the public law - private law distinction and	公私法划分与国法大全	92
Council of state (France)	行政院(法国)	89

Court of Cassation (France)	上诉法院(法国)	40 – 41
Court of Human Rights	欧洲人权法院	159
Court systems	法院系统	
另见 Jurisdictions: of the common law world		86,90
Coutumes	习惯法	12, 28
Criminal law	刑法	94
Criminal procedure	刑事诉讼程序	
accusatorial system	控诉式制度	127 – 28
basic parts of	刑事诉讼程序的基本组成部分	130
and Beccaria's of Crimes and Punishments	刑事诉讼程序与贝卡利亚的《论犯罪与刑罚》	125 – 126
civil law and common law traditions compared	大陆法系和普通法法系的刑事诉讼程序比较	126 – 129
inquisitorial system	纠问制制度	127, 128, 129
juries and	陪审团与刑事诉讼程序	132 – 133
misapprehensions about	对刑事诉讼程序的误解	132 – 133
plea bargaining and	辩诉交易与刑事诉讼程序	132
reform of	刑事诉讼程序的改革	129 – 131
revolutionary legal tradition and	革命法统与刑事诉讼程序	126
trials and	审判与刑事诉讼程序	131 – 132
Cross – examination	交叉询问	116,131
Custom	习惯	24
Damages	损害赔偿	124
Death penalty	死刑	126
Decisory oath	宣誓断案	119,120
Declaration of Independence (America)	美国《独立宣言》	16, 17,20
Declaration of the Rights of Man and the Citizen (France)	《法国人权宣言》	16,17 – 18
Declarations	宣告	76
Declarations of knowledge	告知	76

Decodification	非法典化	152 - 155, 156 - 157
Decretum	《教会法汇要》	11
Defendants	被告	131
Derivative title	衍生的所有权	74 - 75
Digest	学说汇纂	9, 10, 27, 57, 58, 62
Direct review	直接审查	141
Discovery	证据开示程序	114
"Dispositive system"	处分制度	116
Doctor of both laws	双法博士学位	11 - 12
"the Doctrine"	"学说"	80
Duty	义务	74
East Asia	东亚	4
Ecclesiastical courts	教会法院	11, 18
Ecclesiastical tribunals	教会法庭	87
England	英国	
administrative jurisdiction of courts	法院行政案件审判权	88
analytical jurisprudence and	分析法学和英国	79
chancery courts and the development of equity	衡平法院与衡平法的发展	50 - 51
civil juries and	民事陪审团与英国	120
common law and	普通法与英国	22, 26, 50
criminal procedure and	刑事诉讼程序与英国	128 - 129
judicial tradition and	司法传统与英国	17
legal profession in	英国法律职业	103
state positivism and	国家实证主义	22
English revolution	英国革命	22
Equity	衡平,衡平法	
civil contempt power and	民事藐视法庭处罚权与衡平	54 - 55
civil law and	大陆法系与衡平	52

defined	衡平的定义	71
development in England	衡平法在英国的发展	50 – 51
judicial discretion and	法官自由裁量权与衡平	51 – 54
the legislature and	立法与衡平	52 – 53
overview of	衡平法概况	49 – 50
Erga omnes	绝对权,绝对拘束力	90, 135, 137
European Commission	欧盟委员会	159
European Court of Justice	欧洲法院	158, 159
European federalism	欧洲联邦主义	158 – 159
European Human Rights Convention	欧洲人权公约	158,159
European liberalism	欧洲自由主义	65, 93
European Union	欧盟	158
Evidence	证据	114 – 115, 118 – 120
Evolutive interpretation	演化性解释	45 – 46
Examining judges	预审法官	130
Exclusionary rules	排除规则	118, 119
Executive regulations	行政法规	156
Executives	行政官员	
legislative power and	立法权与行政官员	155 – 156
Fascism	法西斯主义	48
Federalism	联邦主义	
European	欧洲联邦主义	158 – 159
Feudalism	封建主义	16,18
Formal validity	形式效力	139
France	法国	
administrative jurisdiction in	法国的行政案件审判权	88, 89
administrative review and	行政行为审查与法国	135
astreinte doctrine	执行罚制度	54 – 55
civil code (see Code Napoleon)	民法典(见 Code Napoleon)	
codification of civil law in	法国法典编纂	28 – 31

codification of criminal law in	法国刑罚典编纂	127
Conflicts Tribunal	冲突法庭	89
Constitutional Council	宪法委员会	138 – 139, 156, 157
constitutional review and	违宪审查与法国	157
Council of State	行政院	89
coutumes	习惯法	12
criminal juries and	刑事陪审团与法国	133
criminal procedure and	刑事诉讼程序与法国	130
decline of legislative authority in	法国立法权威的衰落	156
effects of the Revolution on civil law tradition in	革命对大陆法传统的影响	19
Fifth Republic	第五共和国	156
Humanists	人文主义学派	10
judicial aristocracy and	司法贵族	16, 17
judicial lawmaking in	法国的法官造法	83
nonjudicial constitutional review and	非司法性违宪审查与法国	138 – 139
ordinary jurisdiction in	法国普通法院管辖权	87
power of the judiciary in	法国的司法权	111
public administration and	公共行政与法国	156
statutory interpretation in	法国的制定法解释(法律解释)	39 – 41
Supreme Court of Cassation	最高上诉法院	87, 139
Tribunal of Cassation	上诉法院	40, 122
utopianism and	乌托邦主义与法国	19
Frederick the Great	腓特烈大帝	30, 39
French Civil Code of 1804 见 Code Napoleon	1804 年《法国民法典》	
French Revolution	法国大革命	16, 17, 19, 29, 130
French style	法国式	61
Fungible act	可替代的行为	55

Gaius	盖尤斯	58
Genoa	热那亚	13
Germany	德国	
administrative jurisdiction in	德国的行政案件审判权	89
administrative review and	行政行为审查与德国	135
civil code	民法典	12 – 13, 31, 32 – 33, 62, 69
civil proceedings in	德国民事诉讼程序	113 – 114, 116
codification of law	法典编纂	31 – 33
constitutional courts and	宪法法院与德国	89 – 90, 140 – 141
constitutional review and	违宪审查与德国	157
criminal procedure and	刑事诉讼程序与德国	130
equitable power of the legislature and	立法衡平权与德国	53
judicial discretion and	法官自由裁量权与德国	53 – 54
legal profession in	德国法律职业	103
legal scholars and	法学家与德国	57
legal science and	法律科学与德国	61 – 62
plea bargaining and	辩诉交易与德国	132
revision and	复审制与德国	122
statutory interpretation and	制定法解释(法律解释)与德国	41
supreme court in	德国最高法院	41
Glossators	注释法学派	9, 10, 57, 61, 92
Government lawyers	政府律师	105
Gratian	格兰西	11
Great Britain	英国	159
Greece	希腊	27, 155
Grotius, Hugo	格老秀斯	20
Guilds	行会	13
Harvard Law School	哈佛法学院	79

Hastings	哈斯丁斯	
Battle of	哈斯丁斯战役	3
Hearing judges	听审法官	112, 115 - 117
"Hearsay" rule	传闻规则	118
Heraclitus	赫拉克利特	159
Historical school (Germany)	历史法学派(德国)	31 - 32
Hobbes, Thomas	托马斯·霍布斯	20
Holland, T. E.	T. E. 霍兰德	92
Holy Roman Empire	神圣罗马帝国	21
House counsel	专职法律顾问	106
Humanists	人文主义学派	61
Hungary	匈牙利	27
Ideology	意识形态	
codification of law and	法典编纂与意识形态	28, 33
the public law - private law distinction and	公私法划分与意识形态	95
Illicit acts	违法行为	76
Incidental review	附带审查	141
Initiatives	创制权	25
Innocence	无罪	
presumption of	无罪推定	132
In personam	对人诉讼	123
Inquisitorial system	纠问制	127, 128, 129
In rem	对物诉讼	123
Institutes	法学阶梯	6, 10, 57, 58
Instructing judges	指导法官	112
另见 Hearing judges		
Intellectual revolution	思想革命	15 - 19
International courts	国际法院	111
International law	国际法	20, 22 - 23
Islamic world	伊斯兰世界	4
Italian style	意大利式	61
Italy	意大利	

administrative jurisdiction in	意大利的行政案件审判权	89
civil code	意大利民法典	44 – 45, 52 – 53, 155
commercial code	意大利商法典	100
constitutional courts and	宪法法院与意大利	89 – 90, 140 – 141
criminal procedure and	刑事诉讼程序与意大利	130, 131
development of commercial law in	商法在意大利的发展	13
judicial discretion and	法官自由裁量权与意大利	54
legal certainty in	意大利的法律确定性	48
legal scholars and	法学家与意大利	57
legal scholarship and	法律学术与意大利	59
ordinary jurisdiction in	意大利普通法院管辖权	87
plea bargaining and	辩诉交易与意大利	132
power of the judiciary in	意大利的司法权	111
statutory interpretation and	制定法解释(法律解释)与德国	44 – 45
Supreme Court of Cassation	最高上诉法院	87 – 88,89
Iudex (Roman judge)	罗马的法官	35
Japan	日本	4, 140, 157
Judges	法官	
另见 Judiciary; application of "the law" and	适用法律与法官	24 – 25
career path of	法官的职业道路	103 – 104
certainty and	确定性与法官	48 – 49
civil law – common law distinctions	大陆法系法官与普通法系法官的区别	109 – 110
in the civil law world	大陆法系的法官	35 – 37,38
in civil proceedings	民事诉讼程序中的法官	112 – 113, 115 – 117

in the common law world	普通法系国家的法官	34 – 35
constitutional courts and	宪法法院与法官	37 – 38
constitutionalism and	宪政主义与法官	158
equity and	衡平与法官	49 – 50
lawmaking	法官造法	17, 83, 154
the legal process and	法律活动与法官	81 – 82, 83 – 84
prior decisions and	先例与法官	83 – 84
relationship to the law in the U. S.	美国法官与法律的关系	60
Roman	罗马法官	35
status and	法官地位	110,111
statutory interpretation and	制定法解释(法律解释)与法官	42 – 47
Judicial aristocracy	司法贵族	16, 17
Judicial discretion	法官自由裁量权	51 – 54
Judicial interpretation	司法解释	42 – 47
Judicial lawmaking	法官立法,法官造法	17, 83, 154
Judicial review	司法审查	4 – 5, 25, 137 – 138, 139 – 140, 157
"Judicial supremacy"	司法至上	34
Judiciary	法官	
另见 Judges; as a legal profession	法官作为法律职业	103 – 104
certainty and	确定性与司法	48 – 49
civil law – common law distinctions	大陆法系法官与普通法系法官的区别	109 – 110
equity and	衡平与法官	49 – 50
increasing power of	法官权力的增长	111
lawmaking and	立法与法官	17, 83, 154
separation of powers and	权力分立与法官	16 – 17
status and	法官地位	110 – 111
statutory interpretation and	制定法解释(法律解释)	42 – 47

	与法官	
Juridical acts	法律行为,意思表示法律行为	75 – 77, 78
Juries	陪审团	
civil procedures and	民事诉讼程序与陪审团	113, 118, 120, 121
criminal procedure and	刑事诉讼程序与陪审团	128, 132 – 133
Jurisconsults	法学家	57, 58
Jurisdictions	管辖权	
administrative	行政案件管辖权	88 – 89
constitutional	宪法案件管辖权	89 – 90
ordinary	普通管辖权	86 – 88, 89
unified	统一司法管辖权	90
Jurisprudence	法学	43
Juris Utriusque Doctor (J. U. D)	双法博士学位	11 – 12
Jus commune	欧洲共同法	
authority of rejected	被拒绝的权威	18 – 19, 21
development of constitutionalism and	宪政主义的发展与欧洲共同法	137
development of the ordinary jurisdiction and	普通管辖权的发展与欧洲共同法	87
formation of	欧洲共同法的形成	10, 12
French codification of law and	法国法典编纂与欧洲共同法	28
influence of	欧洲共同法的影响	13
meaning of	欧洲共同法的语意	10
the public law – private law distinction and	公私法划分与欧洲共同法	92
reemergence of	欧洲共同法再度出现	159
rise of the nation – state and	民族国家的兴起与欧洲共同法	10, 21
Justinian	查士丁尼	3, 6, 7, 8, 28, 57 – 58

Korea	韩国	4
Labor law	劳动法	98, 152 - 153
Landrecht	邦法	30
Latin America	拉丁美洲	
academic lawyers in	拉丁美洲的法学家	108
amparo	保护令	123
criminal procedure and	刑事诉讼程序与拉丁美洲	130
judicial review and	司法审查与拉丁美洲	157
status of the judiciary in	拉丁美洲的法官地位	110
unified judicial system in	拉丁美洲的统一司法制度	90
Law education	法律教育	66 - 67
另见 Legal profession(s)		
Law firms	律师事务所	106
Lawmaking	立法,造法	
judicial	法官造法	17, 83, 154
separation of powers and	权力分立与立法	23
sovereignty and	主权与立法	21 - 22
state positivism and	国家实证主义与立法	23
Law professors	法学家,法学教授	107 - 109
另见 Legal scholars		
Lebanon	黎巴嫩	4
Legal acts	法律行为	76,77
另见 Juridical acts		
Legal acts in the strict sense	严格意义上的法律行为	76
Legal advisers	法律顾问	106
Legal facts	法律事实	75 - 76
Legal history	法律史	59 - 60
Legality	合法性	127
Legal norm	法律规范	70 - 71, 75 - 76
Legal order	法律秩序	69 - 71
Legal positivism	法律实证主义	21
Legal profession(s)	法律职业	
academic lawyers	法学家	107 - 109

advocates	律师	105 – 106
in America	美国的法律职业	102
civil law – common law distinctions in the judiciary	大陆法系与普通法系法官的区别	109 – 110
in the civil law world	大陆法系的法律职业	102 – 103
government lawyers	政府律师	105
judges	法官	103 – 104
notaries	公证员	106 – 107
public prosecutors	检察官	104 – 105
"Legal proof"	法定证据	118 – 119
Legal realists	法律现实主义者，现实主义法学家	67
Legal relation	法律关系	72 – 75
Legal scholars	法学家	
discussion of	关于法学家的讨论	56 – 60
expanding their field of study	法学家扩展其研究范围	97 – 98
the legal process and	法律活动与法学家	80, 82, 84 – 85
resistance to change	反对变革	84 – 85
Legal science	法律科学	
the common law world and	普通法国家与法律科学	66 – 67, 79
concept and characteristics of	法律科学的概念与特征	62 – 65
consequences of defining and categorizing law	法律定义与分类的后果	91 – 92
critical attitudes toward	对法律科学的批评态度	148 – 149
European liberalism and	欧洲自由主义与法律科学	65
expansion of the field of study in	扩展法律科学的研究范围	97 – 98
Germany and	德国与法律科学	61 – 62
historical background of	法律科学的历史背景	61
the legal process and	法律活动与法律科学	82 – 83
liberalism and	自由主义与法律科学	93
Legal systems	法律制度	1

Legal traditions	法律传统	1 – 5
Legislation	立法	
constitutional review	违宪审查	135 – 142
formal and substantive validity	立法的形式效力与实质效力	139
as law	立法成为法律	23, 27
law of the general part and	总则部分的法律	78 – 79
the legal process and	法律活动与立法	81
"special"	特别立法	152 – 155
Legislative decree	立法性命令	155
Legislative positivism	立法实证主义	23 – 24
Legislative power	立法权	23 – 24
Legislators	立法者	
dogma of infallibility and	立法者一贯正确的教条	56
the legal process and	法律活动与立法者	80 – 81
Legislature(s)	立法机构	
decline in authority of	立法机构权威的衰落	155 – 157
dogma of infallibility and	立法机构一贯正确的教条	56
equitable power and	衡平权与立法机构	52 – 53
power of	立法权	23 – 24
statutory interpretation in France and	法国制定法解释(法律解释)与立法机构	40
Lenin, Vladimir	列宁	95
Les grands arrets	地标性判例(法国)	89
Liberalism	自由主义	65, 93
Liberty	自由	
of the individual	个人自由	17 – 18
Licit acts	合法行为	76
Logic	逻辑	
legal science and	法律科学与逻辑	64
"Logical expansion"	逻辑扩展	64
"Logically formal rationalism"	逻辑形式理性	64
Maine, Sir Henry	梅因	18

Mandado de seguranca	保护令(巴西)	55
Mandamus	训令权	17,88
Marbury v. Madison	马伯里诉麦迪逊	140
Mexico	墨西哥	
amparo procedure	墨西哥保护令程序	55
constitution of 1917	墨西哥 1917 年宪法	96
judicial review and	司法审查与墨西哥	25
Microsystems	微观法律制度	152 – 154, 155
Model fact situation	典型的事实状态	71, 76
Montesquieu	孟德斯鸠	16,17
Mos gallicus	法国式	61
Mos italicus	意大利式	61
Mussolini, Benito	墨索里尼	48
Napoleon Bonaparte	拿破仑	58, 59
Nationalism	民族主义	18 – 19
National law	国家法	18 – 19
National legal systems	国家法律,国家法律制度	1, 18 – 19, 21
Nation – states	民族国家	10, 21
Natural law	自然法	
另见 Roman Catholic natural law; Secular natural law; objective law and	客观法律与自然法	70
statutory interpretation and	制定法解释(法律解释)与自然法	45
Natural rights	自然权利	19
Nazi Germany	纳粹德国	53 – 54
Norms	规范	70
另见 legal norm		
Notaries	公证员	106 – 107
Notary public	普通法系公证员	106
Nulla poena sine lege	法无明文规定不处罚	125
Nullum crimen sine lege	法无明文规定不为罪	125
Objective law	客观法律	70

Obligation	义务	74
Of Crimes and Punishments (Beccaria)	《论犯罪与刑法》(贝卡利亚)	125－126
Operations	实施行为	76
Opinions	意见,judicial,司法意见	122－123
Ordinary courts	普通法院	86－88, 89, 140
"Ordinary" judges	普通法官	86
Ordinary jurisdiction	普通法院管辖权	86－88, 89, 94
Original title	原始所有权	74
Pandectists	潘德克顿派	62,93
Pandekten	潘德克顿,学说汇纂	62
Parties	当事人	72
Pays de droit coutumier	习惯法地区(法国)	12
Pays de droit ecrit	成文法地区	12
Personal rights	个人权利	74
Pisa	比萨	13
Plea－bargaining	辩诉交易	132
Portails, Jean－Etienne－Marie	波塔利斯	30－31
Positive law	实在法	69,70
Positivism	实证主义	
另见 Legal positivism, State positivism		
Pothier, Robert	波蒂埃	58
Praetor	执政官	35
Precedent	判例	47
Princes	君主,诸侯	21
Private autonomy	私法自治	77
"Private－docent"	私人讲师	108
Private law	私法	
components of	私法的组成部分	99－100
legal science and	法律科学与私法	63
ordinary jurisdiction and	普通法院管辖权与私法	94

"publicizaion of"	私法的公法化	96, 97
the public law – private law distinction	公私法划分与私法	71, 92 – 99
trends toward unification in	私法的统一趋势	100 – 101
Private property	私有财产	18
Property	财产权	
right of ownership	财产所有权	18
Prussia	普鲁士	30, 39
Public act	公行为	107
Public administrations	公共行政	156
Public law	公法	
administrative jurisdiction and	行政案件管辖权与公法	94
components of	公法的组成部分	94
the intellectual revolution and	思想革命与公法	15
legal science and	法律科学与公法	63
"privatization" of	公法的私法化	96,97
the public law – private law distinction	公私法划分与公法	71, 92 – 99
Public prosecutor	检察官	104, 105, 129, 130
Quo warranto	质询权	17, 88
Rationalism	理性主义	17, 29
"logically formal"	逻辑形式理性	64
Real rights	物权	74
Reception	继受	10
Rechtstaat	法治,法治国	97, 141 – 142
Rechtsgeschaft	法律行为	75
Recourse in cassation	再审	121 – 122
Referenda	全民公决	25
Referendarzeit	见习	103
Regulations	法规	24, 156
Relative rights	相对权	74
"Remanding"	发回重审	41

Renaissance	文艺复兴	8
The Restatement of the Law	《法律重述》(美国)	67,79
Revision	复审制	41, 121 - 122
Rights of credit	债权	74
Rights of personality	人格权	74
Roman Catholic Church	罗马天主教	
canon law	教会法	11 - 13, 147
Roman Catholic natural law	罗马天主教自然法	20 - 21, 22, 137
Roman civil law	罗马私法	147
decline in authority of	罗马私法权威的衰落	23 - 24
German law and	德国法与罗马私法	31
German legal science and	德国法律科学与罗马私法	62
history and influence of	罗马私法的历史与影响	6, 7, - 13
jus commune and	共同法与罗马私法	12, 13
legal scholars and	法学家与罗马私法	57 - 58
legal science and	法律科学与罗马私法	65
Royal courts	皇家法院	11
Sanctions	制裁	70
Saudi Arabia	沙特阿拉伯	4
Savigny, Friedrich Karl von	萨维尼	31, 32, 61, 65
Scholars	法学家	56 - 60
Secular natural law	世俗自然法	16, 20 - 21
Seignorial courts	领主法院	11
Separation of powers	分权,权力分立	
in France	法国的权力分立	19
Germany civil code and	德国民法典与权力分立	33
the intellectual revolution and	思想革命与权力分立	16 - 17
and judges in the civil law tradition	权力分立与大陆法系	36
lawmaking and	立法与权力分立	23
the ordinary judiciary and	普通法院,普通司法系统	86 - 87
Siete Partidas	《七章法典》	128

Socialist law	社会主义法律	1 – 2
Sohm, Rudolph	鲁道夫·索赫姆	62, 67
South Africa	南非	27
Sovereignty	主权	20 – 23
Soviet Union	苏联	155
Spain	西班牙	133, 140 – 41
Special legislation	特别立法	152 – 155
Spirit of the Laws (Montesquieu)	《论法的精神》(孟德斯鸠)	16
Star Chamber	星座法庭	128
Stare decisis	遵循先例原则	47, 135, 137
certainty and	确定性与遵循先例原则	49, 51
the civil law tradition and	大陆法系与遵循先例原则	23
common law tradition and	普通法系与遵循先例原则	34
German rejection of	德国拒绝遵循先例原则	53
meaning of	遵循先例原则的含义	23
separation of powers and	权力分立与遵循先例原则	36
State positivism	国家实证主义	20 – 23
Statutes	制定法	23, 24
Statutes Commission (Prussia)	法规委员会	39
Statutory interpretation	制定法解释(法律解释)	
authoritative	权威解释	39
cassation system in France	法国上诉制度	39 – 41
evolutive	演化性法律解释	45 – 46
the Italian Civil Code and	意大利民法典与法律解释	44 – 45
judicial	司法解释	42 – 47
natural law and	自然法与法律解释	45
precedent and	先例与法律解释	47
Statutory microsystems	制定法微观法律制度	152 – 154, 155
Subjective rights	主观权利	70, 72 – 74

Substantive validity	实质效力	139
Succession	继承	75
Suing	诉讼	120 – 121
Supranational courts	超国家法院	38
Supreme Court of Cassation	最高上诉法院	41, 87 – 88, 89, 122
Supreme court of Cassation (France)	最高上诉法院(法国)	87, 139
Supreme Courts	最高法院	41, 86
Switzerland	瑞士	46, 100, 122
Testimony	证词,证言	119
Things	物	
legal concept of	物的法律概念	75
Third persons	第三人	72
Titleholders	所有权人	75
Titles	所有权	74 – 75
Tort law	侵权法	83, 154
Trials	审判	113, 131 – 132
Tribonian	特里波尼	7
Tribunal of Cassation (France)	上诉法庭	40, 122
Tribunals	法庭	
for constitutional review	违宪审查法庭	157
Turkey	土耳其	4
Tuscany	托斯卡纳	126
Twelve Tables	十二铜表法	2
Uniform Commercial Code	《统一商法典》	28,33
United States	美国	
analytical jurisprudence and	分析法学与美国	79
appellate courts	美国上诉法院	40
authority of legislation in	美国立法的权威	27
codes and	法典与美国	33
constitutionalism and	宪政主义与美国	4
constitutional review in	美国违宪审查	140

constitutional system of	美国宪法制度	136
the judiciary in	美国司法	16 – 17
law education and	法律教育与美国	66 – 67
the legal profession in	美国法律职业	102
legal scholarship and	法律学术与美国	57
legal science and	法律科学与美国	62 – 63, 66 – 67
power of judges in	美国法官权力	34
relationship of judges to the law	美国法官与法律的关系	60
separation of powers and	权力分立与美国	16 – 17
suing actions in	在美国的诉讼行为	120 – 121
Utopianism	乌托邦主义	19,28
Venezuela		55, 138
Venice		13
Weber, Max	马克斯·韦伯	64
Weimar Constitution of 1919	1919 年《魏玛宪法》	95
Willenstheorie	意志说	73
Yemen	也门	4